Dr. Paul C. Bragg und Dr. Patricia Bragg

Natürlicher Apfelessig
Das Gesundheits-Elixier

Dr. Paul C. Bragg und Dr. Patricia Bragg

Natürlicher Apfelessig
Das Gesundheits-Elixier

Waldthausen

Titel der in den USA erschienenen Originalausgabe
»Apple Cider Vinegar«

7. Auflage 1997

Satz, Gestaltung und Druck:
Buchdruckwerkstätten Hannover GmbH

Dieses Buch wurde auf chlorfrei gebleichtem Papier gedruckt.

ISBN 3-926453-92-3

Printed in Germany

Inhaltsverzeichnis

Der größte Schatz im Leben ist eine strahlende Gesundheit.

Paul C. Bragg und *Tochter Patricia* sagen:
»Für Gesundheit gibt es keinen Ersatz.
Wer sie besitzt, ist reicher als ein König.«

Bleiben Sie jung durch Körpertraining und gute Ernährung

Es gibt viele gute Gründe für Sie, daß Sie sich nach einem Gesundheitsprogramm richten:

- die unumstößlichen Naturgesetze;
- Ihr gesunder Menschenverstand, der Ihnen sagt, daß Sie das Richtige tun;
- Ihre Absicht, gesünder zu werden und länger zu leben;
- Ihre Entschlossenheit, Krankheiten zu verhüten, damit Sie das Leben besser genießen können;
- wenn Sie aus Ihrem Leben eine »Lebenskunst« machen, werden Sie in jedem Alter jung sein;
- Sie können weit über die üblichen Lebensjahre hinaus leistungsfähig bleiben und rüstig, munter und aktiv sein. Außerdem können Sie außergewöhnliche körperliche und geistige Fähigkeiten erwerben.

Nutzen Sie die gesundheitsfördernden Eigenschaften von reinem natürlichem Apfelessig

Reiner, natürlicher, nicht destillierter Apfelessig*, der noch naturtrüb ist, ist ohne Zweifel eines der vollkommensten Nahrungsmittel der Natur.

Reiner, natürlicher Apfelessig muß aus frischen Äpfeln gemacht und gereift sein. Am besten reift er in Holzfässern, weil das Holz die natürliche Gärung fördert. Natürlicher Apfelessig soll eine dunkle Farbe haben, und wenn Sie ihn gegen das Licht halten, sollten Sie eine spinnwebartige Substanz sehen, die man »Mutter« nennt. Je natürlicher der Apfelessig ist, desto mehr »Mutter« enthält er. Wenn Sie an natürlichem Apfelessig riechen, soll der Geruch scharf und durchdringend sein. Ich habe schon Apfelessig gerochen, der so natürlich und wohlgereift war, daß sich mein Mund verzog.

Warum gibt es keinen reinen, natürlichen Apfelessig mehr?

Schuld an dieser Entwicklung sind sowohl die Verbraucher als auch die Hersteller. Die meisten Leute kaufen Nahrungsmittel mit den Augen, nicht mit ihren Kenntnissen über Ernährung. Den

* Sie können ihn in den Reformhäusern, einigen Naturkostläden und im Versandhandel bei Bionika, Stendorfer Straße 3, 27718 Ritterhude, kaufen.

Apfelessig-Herstellern ist es nicht gelungen, die Allgemeinheit darüber aufzuklären, welche enormen gesundheitsfördernden Kräfte im natürlichen Apfelessig verborgen sind. Meist war ihnen der gesundheitliche Wert des Apfelessigs gar nicht bekannt; sie stellten ihn her, weil die Käufer ihn verlangten, und taten damit nur dem Gesetz von Angebot und Nachfrage Genüge.

Aber wir können den Produzenten nicht die ganze Schuld zuschieben. Sie sind keine Ernährungsfachleute und keine Biochemiker. Sie geben den Verbrauchern, was diese haben wollen.

Die meisten Leute kaufen Essig, um ihr Essen zu würzen. Viele Frauen kaufen ihn, um damit ihr Haar nach dem Waschen zu spülen; denn er macht das Haar weich und leichter kämmbar. Manche kaufen ihn, um ihn ins Putzwasser zu geben und Fenster zu putzen. Essig ist im Haushalt vielseitig verwendbar. Im allgemeinen wissen die Leute nicht, daß Essig auch die Gesundheit fördern kann. Die Hersteller haben nicht die geringste Ahnung davon, daß Apfelessig ein hochwirksames, wunderwirkendes Nahrungsmittel ist. Und weder die Verbraucher noch die Produzenten wissen, daß reiner, natürlicher, voll gereifter Apfelessig von enormem Wert für die Gesundheit ist.

Unwissenheit ist Glückseligkeit. Als die Leute reinen, natürlichen Weinessig mit seiner dunklen Farbe und seiner dunklen »Mutter« sahen, fanden sie ihn unappetitlich. Den meisten Menschen ist durch Erziehung und Werbung eingetrichtert worden, daß alles, was sie kaufen, dem Auge gefallen muß, d. h. klar und nicht trübe aussehen darf.

Um die Forderung nach klarem Essig ohne »Mutter« zu erfüllen, destillierte man den Essig. Während der Destillation wird der Essig erhitzt und in Dampf verwandelt, wodurch die wichtigen Enzyme zerstört werden und lebenserhaltende Mineralien wie Kalium, Phosphor, Chlor, natürliches, organisch gebundenes Natrium, Magnesium, Schwefel, Eisen, Kupfer, Fluor, Silizium und viele andere Spurenelemente verlorengehen. Destillation zerstört auch die wirksame natürliche Apfelsäure, die für den Kampf gegen Körpergifte so wichtig ist.

Wie Sie sehen, läuteten die Verbraucher mit ihrer Besessenheit nach »appetitlich« aussehenden Lebensmitteln und die Essigproduzenten, die mit ihrem Produkt Gewinne machen wollen, die Totenglocke für den reinen, natürlichen, voll ausgereiften Apfelessig.

Die Verbraucher bekamen das, was sie wollten – schönen klaren, aber toten Essig. Als der natürliche Apfelessig fast vom Markt verschwunden war, tauchten andere, seltsame Essigarten auf. Der erste wurde Malzessig genannt. Malzessig ist ein raffinierter, verarbeiteter Essig. Er besitzt keinen der Vorzüge des natürlichen Essigs. Aber er schmeckt wie Essig ... und er ist klar und hell, und die Verbraucher kaufen ihn.

Dann kam die eigentliche Tragödie. Einige Lebensmittelchemiker stellten aus Kohlenteer Essigersatz her. Er sieht hell und klar aus, und er schmeckt wie Essig, und heute ist er der meistgekaufte Essig in den Geschäften. Er ist billiger als destillierter Essig oder Malzessig. Über diesen Essig gibt es nichts weiter zu sagen, außer daß er gut aussieht, wie Essig schmeckt, aber ohne jeglichen Wert für die Gesundheit ist. Es gibt also drei Sorten Essig zu kaufen. Keiner von ihnen ist so nährstoffreich und gesund wie reiner, natürlicher, voll ausgereifter Apfelessig.

Millionen von Menschen in der ganzen Welt kommen nie in den Genuß des guten, bekömmlichen, natürlichen Apfelessigs und seiner gesundheitsfördernden Eigenschaften.

Immer mehr Menschen leiden an Fehlernährung

Millionen von Menschen in der ganzen Welt leiden an subklinischer Fehlernährung* in ihren zahlreichen Formen, weil sie sich nicht natürlich, gesund und ausgewogen ernähren. Subklinische Fehlernährung bedeutet, daß viele Menschen sich aufgrund von Mineralstoff- und Vitaminmangel fast ständig kränklich fühlen. Es fehlt ihnen an Schwung, Energie und »Stehvermögen«, um die alltäglichen Pflichten des Lebens zu erfüllen, ohne sich fast dauernd erschöpft zu fühlen.

Sie bekommen durch ihre täglichen Mahlzeiten nicht die Mineralien und Vitamine, die ihr Körper braucht. Es fehlt ihnen an Lebenskraft. Sie schleppen sich durchs Leben und sind fast immer müde. Dies ist der Grund, warum sie zu Anregungsmitteln wie Tee, Kaffee, Alkohol, Cola und Zigaretten greifen – und oft auch zu Medikamenten, die sie für eine Weile »aufmöbeln«. Wenn die Wirkung dieser Stimulanzien verfliegt, fühlen die Menschen sich schrecklich. Sie leben nicht; sie existieren nur. (Siehe auch »CFS – Das chronische Müdigkeitssyndrom« von *Dr. Michael C. Culbert*).

* Im medizinischen Sprachgebrauch heißt »subklinisch« soviel, wie »noch nicht voll ausgeprägt« oder »noch nicht voll in Erscheinung getreten«, damit werden oft auch Vorstufen einer Krankheit bezeichnet. Subklinische Fehlernährung kann auch bezeichnet werden als versteckte Fehlernährung, versteckte Mangelernährung, angedeutete Fehlernährung oder unterschwellige Fehlernährung.

Sie können diese bedauernswerten Menschen an jedem Tag Ihres Lebens in Ihrer Umgebung beobachten. Sie sind ausgelaugt und vorzeitig gealtert. Ihre Haut und ihre Muskeln haben keine Spannkraft. Sie haben dunkle Ringe und dicke Säcke unter den Augen. Ihre Augen haben den Glanz der Jugend verloren. Sie haben den »Tote-Fische-Blick«. Fehlernährte Menschen sind kraftlos, und alles, was sie tun, erfordert eine enorme Anstrengung. Sie leben nicht wirklich. Fehlernährte Menschen sind nicht glücklich. Viele leiden an Depressionen und seelischer Erschöpfung.

Der Apfel ist sehr nährstoffreich

»Ein Apfel am Tag vertreibt den Arzt« ist eine bekannte, abgedroschene Redensart; dennoch ist sie wahr und zeugt von gesundem Menschenverstand. Der Apfel ist nämlich eines der großartigsten und wunderbarsten Nahrungsmittel, die Gott geschaffen hat.

Wie bereits erwähnt, ist er eine der ergiebigsten Kaliumquellen, und Kalium ist für das weiche Gewebe das, was Kalzium für die Knochen und harten Gewebe des Körpers ist. Es ist das Mineral der Jugendlichkeit. Kalium ist der »Arterienweichmacher«, der dafür sorgt, daß die Arterien des Körpers geschmeidig und unverwüstlich bleiben. Es bekämpft gefährliche Bakterien und Viren. Ja, wenn Sie sagen »*Ein Apfel am Tag vertreibt den Arzt*«, sind Sie auf dem richtigen Weg.

Der Apfel hat die Prüfungen der Zeit bestanden. Er ist eine der ältesten Früchte, die der Mensch verzehrt. Im Garten Eden spielte er eine entscheidende Rolle für das Schicksal der Menschheit. Streng genommen spricht die Bibel an der hier gemeinten Stelle allerdings von einer »Frucht«, nicht von einem »Apfel«.

Der Mensch ist seit Tausenden von Jahren ein Apfelesser. Apfelesser haben eine gesunde Ausstrahlung, die andere niemals erlangen.

Der Apfel enthält viel Kalium

Der Apfel ist eine köstliche Frucht, und die meisten Menschen essen gern Äpfel. Aber für mich ist der Apfel mehr als nur eine gute Speise.

Für mich als Biochemiker ist Kalium das Schlüsselmineral unter den Mineralien. Es ist nicht nur lebenswichtig für alle Organismen, sondern ohne Kalium gäbe es überhaupt kein Leben.

Die meisten Menschen leiden an Kaliummangel, und das spiegelt sich in ihren Geweben wider. Sehen Sie sich um – wie viele Menschen haben eine lebendig aussehende Haut? Den meisten Menschen, die in zivilisierten Ländern leben und die übliche Zivilisationskost essen, ist der Kaliummangel anzusehen. Der Haut- und Muskeltonus ist schlecht. Das Fleisch haftet nicht fest am Knochengerüst. Gesicht und Hals sind voller Linien und Falten. Beachten Sie die schwere, schlaffe Haut, die bei den meisten Menschen über den Augen hängt. Je länger der Kaliummangel anhält, desto tiefer hängt die Haut über den Augen, und bald müssen die Betroffenen durch schmale Schlitze blicken anstatt durch weit geöffnete Augenlider. Selbstverständlich schreibt der Durchschnittsmensch diesen Zustand der Zahl seiner Jahre zu. Die meisten Menschen machen ihr Lebensalter für die genannten körperlichen Veränderungen in der Haut und in der Muskulatur verantwortlich.

Der Körper benötigt Kalium, um junges, altersloses Gewebe aufzubauen. Wenn Sie nicht täglich Ihren Kaliumbedarf decken, sehen auch Sie bald alt aus. Kaliummangel führt zu vorzeitiger Alterung.

Im Garten ist es genauso. Kalium wird benötigt, um Substanzen zu produzieren, die Pflanzenstiele hart machen und den Pflanzen Widerstandskraft gegen viele Krankheiten verleihen. Kalium bewirkt die allmähliche Entwicklung des Samens zu einer Pflanze.

Wenn Pflanzen nicht genügend Kalium bekommen, hört ihre Entwicklung vorzeitig auf. Das erste typische Anzeichen eines extremen Kaliummangels bei einer Pflanze ist Wachstumsstillstand ohne erkennbare äußere Ursache. Wird der Kaliummangel nicht unverzüglich behoben, beginnt die Pflanze langsam zu welken; sie wird gelb und stirbt ab. Dasselbe gilt für den tierischen und menschlichen Körper: Bei einem Mangel an Kalium verkümmern allmählich die Körperzellen.

Viele Menschen begehen ihr ganzes Leben lang Selbstmord auf Raten – sie zerstören ihre Gesundheit, ihre Jugend, ihre Talente, ihre Energie, ihre schöpferischen Fähigkeiten. Wir lernen in der Tat leichter, gut zu anderen zu sein, als gut zu uns selbst zu sein.

Schlechte Gesundheit und Krankheiten nehmen zu

Der Mensch pfuscht an seinen Lebensmitteln herum und zerstört das lebenswichtige Kalium. In den Mühlen wird Getreide verarbeitet und verfeinert, um weißes Mehl herzustellen, das sich jahrelang hält. Kein Ungeziefer frißt dieses Mehl, weil es seines Kaliums beraubt wurde.

Beim Mahlen von Weizen werden 25 wichtige Nährstoffe, Aminosäuren, Vitamin E, Kleie, B-Vitamine und alles Kalium entfernt.

Füttert man Kühe mit verarbeitetem Getreide (ohne Keim und ohne Kalium), sterben sie an Herzversagen.

Je mehr Kalium wir aus unserer Nahrung entfernen, desto kränker werden wir: Wir vergeuden Zeit und Energie, weil wir häufiger krank werden. Es gibt zu viele menschenfreundliche Leute, die zuviel Zeit und Energie aufwenden, um immer mehr Kranke zu versorgen. Wir sollten diese Energie nutzen, um den Menschen beizubringen, wie wichtig eine gute Ernährung ist, und um ihre Eßgewohnheiten so zu verändern, daß sie mit den Erkenntnissen übereinstimmen, die wir auf dem Gebiet der Ernährung bereits haben.

Wir sollten die Menschen lehren, welche Bedeutung Mineralien für die Gesundheit haben. Wir sollten sie lehren, daß sie ihren täglichen Kaliumbedarf decken müssen, um gesund zu bleiben.

Krankheitsraten und Sterblichkeit – eine Schande

Bessere medizinische Einrichtungen und mehr Ärzte und Zahnärzte werden niemals die grundlegenden Probleme lösen oder unsere skandalösen Krankheits- und Sterberaten nennenswert verringern. Skandalös sind die Zahlen nicht im Vergleich mit anderen Ländern; denn sie sind in Amerika mit am niedrigsten. Sie sind deshalb skandalös, weil man die meisten Krankheiten verhindern könnte. Wir müssen den Kindern in der Schule beibringen, wie wichtig Mineralien für ihre Gesundheit und für ihr Wohlbefinden sind. Wir müssen ihnen sagen, wie wichtig es ist, jeden Tag Kalium zu sich zu nehmen.

Wir verhüten Krankheiten hauptsächlich dadurch, daß wir uns mit den richtigen Nährstoffen versorgen – vor allem mit Kalium.

Falsche Ernährung ist der Grund, warum die Menschen nicht gesund sind

Die Menschen sterben nicht unmittelbar an Infektionen, sondern daran, daß ihre falsche Ernährung es den Krankheitskeimen ermöglicht, die Oberhand zu gewinnen. Bei nicht infektiösen, chronischen Krankheiten ist falsche Ernährung stets eine Mitursache.

Wenn der Körper mit sämtlichen Mineralien, einschließlich des kostbaren Kaliums, ausreichend versorgt ist, kann sich kein Krankheitserreger im gesunden Blut festsetzen.

Der Körper könnte ewig leben

Abgesehen von tödlichen Unfällen gibt es für den Menschen eigentlich keinen Grund zum Sterben. Einige der größten Wissenschaftler der Welt haben eindeutig nachgewiesen, daß es keine speziellen Alterskrankheiten gibt. Daß ein Mensch 60, 70, 80 oder 90 Jahre lang gelebt hat, ist kein Grund zum Sterben. Alter ist nicht giftig.

Die Menschen sterben an einer tödlichen Krankheit, die sie selbst in ihrem Körper aufgebaut haben, weil sie die Naturgesetze nicht kennen, denen der physische Körper unterworfen ist.

Die beiden großen Feinde des Lebens sind Giftstoffe und Nährstoffmangel. Alle 90 Tage erneuert der Körper das Blut aus der Nahrung, die Sie essen, den Getränken, die Sie trinken, und der Luft, die Sie atmen. Aus dem Blut stellt er seine Zellen her und ernährt sie.

Alle elf Monate erneuern sich unsere Billionen Körperzellen vollständig, und alle sieben Jahre haben wir völlig neue Knochen und harte Gewebe.

Es gibt nichts, was alt werden muß.

Das große Experiment von *Alexis Carrel*

Im Jahre 1912 begann *Dr. Alexis Carrel* ein großartiges Experiment. Es gelang ihm, die Herzzellen eines Hühnerembryos mehr als dreißig Jahre lang am Leben und gesund zu erhalten, indem er sie ausreichend ernährte und sämtliche Abbauprodukte entfernte. Die normale Lebensspanne eines Huhnes beträgt 7½ bis 8 Jahre.

Die Zellen erhielten jeden Tag Apfelessig, um sie mit Kalium zu versorgen.

Dr. Carrel hat eindeutig bewiesen, daß der Körper imstande ist, ewig zu leben. Er hätte sein Experiment unbegrenzt lange fortführen können.

Es bewies, wie wichtig Apfelessig für Leben und Gesundheit ist.

Die Ergebnisse des Versuches liefern uns den Schlüssel zur totalen Gesundheit und zum langen Leben. Die Wissenschaft kennt keinen Grund, warum die gleichen Prinzipien nicht auch für Menschen gelten sollten.

Kaliummangel

Ich habe dreizehn wissenschaftliche Expeditionen zu Naturvölkern auf der ganzen Welt unternommen, um die Ernährung und das Wachstum verschiedener Menschenrassen zu studieren. Ich stellte fest, daß die Menschen, deren Feldfrüchte in kaliumarmen Böden wuchsen, verkümmert waren.

Die Pygmäen in Afrika sind verkümmerte und kurzlebige Menschen. Das gleiche gilt für die Eskimos in der Arktis. Sie nehmen mit ihrer täglichen Kost einfach nicht das Kalium auf, das ihr Körper braucht.

Geistig zurückgebliebene Kinder und Erwachsene

Ich habe den Zusammenhang zwischen geistig zurückgebliebenen Kindern und Erwachsenen und dem Kaliummangel eingehend studiert.

Vor mehreren Jahren nahm ich drei geistig zurückgebliebene Kinder in mein Haus auf, um sie zu studieren und zu beobachten. Jeden Morgen gab ich ihnen ein Glas Wasser mit zwei Teelöffeln Apfelessig und einem gehäuften Teelöffel Honig (Honig ist sehr kaliumreich). Ich stellte einen ausgeklügelten wissenschaftlichen Ernährungsplan zusammen, der die Kinder mit einer großen Menge Kalium versorgte. Innerhalb von drei Wochen wurden die Kinder geistig wach, und nachdem ich sie ein Jahr lang beherbergt hatte, waren sie in der Lage, zusammen mit Kindern ihres Alters zur Schule zu gehen.

Ein anderes Mal nahm ich vier geistig zurückgebliebene Erwachsene bei mir auf. Ich gab ihnen Apfelessig und brachte sie innerhalb eines knappen Jahres dazu, daß sie sich selbst versorgen konnten. Sie besuchen jetzt die Abendschule, und ihr Intelligenzquotient bessert sich schnell.

Senilität und Kaliummangel

Heute gibt es überall auf der Welt Hunderte und Tausende von vorzeitig gealterten, senilen Menschen. Es sind die vergessenen Menschen. Viele von ihnen wissen weder ihren eigenen Namen, noch erkennen sie ihre Angehörigen und ihre besten und ältesten Freunde. Sie sind nur noch lebende menschliche Pflanzen. Für mich sind alte, senile Leute die bedauernswertesten Menschen auf der Welt. Sie existieren nur. Manche von ihnen sind so degeneriert, daß jeder Versuch, ihnen zu helfen, hoffnungslos wäre.

Ich glaube, daß man vielen von ihnen wieder zu einem nützlichen Leben verhelfen kann, wenn man Giftstoffe aus ihrem Körper entfernt und ihre schweren Mangelzustände behebt.

Vor einigen Jahren wählte ich sechs von diesen senilen Menschen aus, die meiner Meinung nach gerettet werden konnten. Ich gab ihnen täglich Apfelessig und kaliumreiches Essen.

Wir können das Leben nicht erhalten, wenn wir kein Leben zu uns nehmen. Es ist am besten, wenn unsere Kost zu mindestens 60 % aus rohem und gekochtem Gemüse sowie aus vielen frischen, saftigen Früchten besteht.
Patricia Bragg

Vieren von diesen sechs konnte ich helfen. Sie verließen das Altersheim, in das man sie eingewiesen hatte, und versorgten sich wieder selbst. Bei einem der Männer trat eine außergewöhnliche Besserung ein. Er wurde sogar wieder Bauunternehmer, obwohl er 83 Jahre alt war.

Die meisten dieser senilen Menschen litten an Arterienverkalkung. Kalium bedeutet für die weichen Gewebe, was Kalzium für die harten Strukturen des Körpers bedeutet. Das Kalium säubert die verstopften Arterien. Niemand kann normal denken, wenn seine Arterien blockiert sind.

Man könnte Kalium als hervorragendes Reinigungsmittel für Arterien bezeichnen. Es gibt kaum Zweifel daran, daß Kalium den Prozeß der Verhärtung und Verkalkung bremst, der das gesamte wichtige Blutgefäßsystem bedroht. Da das Kalium im reinen, natürlichen, gereiften Apfelessig das Fleisch der Milchkuh und des Ochsen zart macht, bevor sie geschlachtet werden, besteht erst recht kein Zweifel daran, daß es die Aufgabe dieses Minerals ist, Gewebe weich und geschmeidig zu erhalten.

Die typischen Symptome von Kaliummangel

- Sie haben Schmerzen im unteren Rücken, sowohl in den Knochen als auch in den Muskeln.

- Sie verspüren stechende Schmerzen und Benommenheit, wenn Sie sich nach dem Bücken aufrichten.
- Sie haben dumpfes Kopfweh, wenn Sie morgens aufstehen.
- Der Körper ist schwerfällig, und schnelle Bewegungen sind anstrengend.
- Das Haar ist stumpf und sieht verblichen aus. Es fehlt ihm an Glanz; die Kopfhaut juckt; Sie haben Schuppen und werden vorzeitig kahl.
- Das Haar ist schwer kämmbar; es verfilzt und sieht oft wie Stroh aus. Manchmal ist es extrem trocken, ein anderes Mal sieht es aus, als sei es in Öl getränkt worden.
- Die Augen jucken und sind zuweilen wund. Mitunter sind die Augenlider rauh, und aus den Augen fließt eine weißliche Substanz. Hin und wieder sind die Augen blutunterlaufen und wässerig.
- Die Augen werden rasch müde und können Gegenstände nicht richtig fixieren.
- Diese Menschen verlieren in extremem Umfang ihre geistige Wachheit, so daß es ihnen schwerfällt, Entscheidungen zu treffen. Das Gedächtnis scheint zu versagen; sie vergessen Namen und Orte, die ihnen auf der Zunge liegen. Sie werden sehr vergeßlich. Sie ermüden geistig und körperlich bei der geringsten Anstrengung. Sie sind gereizt und mit ihren Angehörigen manchmal sehr ungeduldig.

- Sie sind nervös und fühlen sich immer wieder deprimiert und benommen. Sie bringen einfach nichts zustande, weil Sie geistig und körperlich müde sind. Manchmal zittern Sie nach der geringsten Anstrengung.
- Mitunter werden Hände und Füße kalt, selbst bei warmem Wetter. Es gibt noch viele weitere Symptome des Kaliummangels.

Apfelessig ist eine wichtige Kaliumquelle

Lange Jahre der Forschung haben mich davon überzeugt, daß natürlicher Apfelessig eine ergiebige Kaliumquelle ist.

Als ich ein kleiner Junge war, wuchs ich auf einer großen Farm auf. Wir bauten viele verschiedene Apfelsorten an. Ich aß gern Äpfel und erfreute mich einer robusten Gesundheit. Mein Vater stellte jedes Jahr reinen Apfelessig her und lagerte ihn in Holzfässern. Dieser reine Apfelessig stand bei uns auf dem Tisch, und die ganze Familie (ich bin das älteste von sechzehn Kindern) mochte ihn gern.

Mein Vater war ein ausgezeichneter Bauer, und ich sah ihm viele Male zu, wie er krankem Vieh Apfelessig gab. Er wirkte wie ein Zaubermittel. Der Essig schien über magische Kräfte zu verfügen, die das Vieh wieder gesund machten.

Der nächste Arzt war 32 Meilen von unserem Haus entfernt. Wenn er gebraucht wurde, mußte er in seinem Einspänner meilenweit über holprige, schlechte Wege fahren. Darum entwickelten wir zu Hause eine Art Hausmedizin, und der Apfelessig spielte dabei eine wichtige Rolle.

Ich kann mich gut daran erinnern, daß mein Vater während der Erntezeit viele Stunden am Tag arbeiten mußte. Er stand lange vor Tagesanbruch auf und zog sich erst am späten Abend zurück.

Ich sah oft, wie er in die Küche kam, einen gehäuften Teelöffel Honig in ein Glas gab, zwei Teelöffel reinen Apfelessig hineinleerte und das Glas mit Wasser füllte.

Ich fragte dann: *»Vater, warum trinkst du Honig, Essig und Wasser?«* Und er antwortete: *»Sohn, die Arbeit auf der Farm ist hart; sie macht den Körper müde. Dieses Getränk macht mich wieder munter.«*

Ja, Vater hatte recht. Ein Bestandteil dieses Getränks gab ihm seine Vitalität zurück und befreite ihn von Müdigkeit. Dieser Bestandteil war Kalium.

Heute nehmen die meisten hart arbeitenden Menschen Anregungsmittel, um chronische Erschöpfungszustände zu lindern – Alkohol, Tabak, Tee, Kaffee, Cola, Medikamente und sogar Drogen.

Der gute Rat meines Vaters stieß nicht auf taube Ohren. Einige Jahre später fand ich heraus, daß mein Vater ein kluger Mann gewesen war, als er Honig und Apfelessig benutzt hatte, um chronische Müdigkeit zu überwinden.

Im Alter von zwölf Jahren entzog man mich dem gesunden Leben auf der Farm und schickte mich auf eine Militärakademie. Das Essen dort zerstörte meine Gesundheit. Das verfeinerte und verarbeitete Essen führte zu einem Zusammenbruch, und ich erkrankte an Tuberkulose.

Reinen, natürlichen Apfelessig oder Honig habe ich in der Militärakademie nie auf dem Tisch gesehen.

Erst als ich in einem Schweizer Sanatorium den Arzt *Dr. Rollier* kennenlernte, kam ich wieder mit dem Wunder des Apfelessigs und des Honigs in Berührung. Beide haben einen hohen Gehalt an lebenswichtigem Kalium.

Als ich im Sanatorium ankam, gab man mir jeden Morgen das gleiche Getränk, das mein Vater auf der Farm gegen chronische Müdigkeit zu sich genommen hatte. Kalium bekämpft Keime, und ich verdanke meine Genesung hauptsächlich dem Apfelessig mit Honig.

Dr. Rollier riet uns, Apfelessig auf unsere Rohkostsalate zu geben. Er empfahl uns außerdem, jeden Tag Honig zu essen. Er war ein kluger Arzt. Er wußte, wie wertvoll Kalium für den Körper ist.

Zusammen mit einer ausgewogenen, natürlichen Ernährung, richtiger Atmung und dem

Sonnenschein der Alpen machte mich der Apfelessig in weniger als zwei Jahren zu einem gesunden, 100 % tuberkulosefreien Menschen.

Seit diesem Tag vor so vielen Jahren bin ich ein begeisterter Anhänger des Apfelessigs mit Honig und empfehle diese Kaliumquellen immer in meinen Vorträgen und Büchern über eine gute Gesundheit.

Apfelessig gegen Übergewicht

Ich möchte nicht mißverstanden werden: Apfelessig kann Ihr Gewicht nicht reduzieren, wenn Sie zuviel essen. Doch zusammen mit einer Kost aus 1200 bis 1500 Kalorien am Tag hilft er Ihnen, Übergewicht loszuwerden. Trinken Sie den Apfelessig-Honig-Cocktail dreimal täglich. Er besteht aus $^1/_2$ Teelöffel Honig und 2 Teelöffeln Apfelessig in einem Glas Wasser.

Mit diesem Cocktail müssen Körpertraining und eine Verringerung der Kalorienzufuhr einhergehen. Das heißt, daß Sie auf Brot und andere Getreideprodukte sowie auf Milchprodukte vollständig verzichten sollten. Ihre Kost sollte aus Obst, rohem Salat, gedünstetem Grüngemüse (z. B. grüne Bohnen oder Spinat), gedünstetem Sellerie, gedünstetem Kürbis, und pro Tag einigen Nüssen bestehen. Wenn Sie meinen, noch Fleisch essen zu müssen, so nehmen Sie etwas

Fisch und Geflügel (freilaufend vom Bauern) zu sich.

Was können Sie gegen Untergewicht tun?

Apfelessig hat sich als eine der gesündesten Substanzen erwiesen, die die Wissenschaft kennt. Er ist natürlich und wird von hochwirksamen Enzymen hergestellt.

Dem Untergewichtigen mangelt es an Enzymen, und darum kann er die Nahrung, die er verzehrt, nicht vollständig ausnutzen oder verbrennen. Einerlei, wieviel fett- oder eiweißreiche Nahrung er zu sich nimmt, der Körper verwertet sie nicht richtig.

Solange ein Enzymmangel besteht, bleibt auch das Untergewicht. Wenn Sie untergewichtig sind, sollten Sie nach dem Aufstehen den folgenden Cocktail trinken: 2 Teelöffel Apfelessig und 1 gehäufter Teelöffel Honig in einem Glas Wasser.

So befreien Sie Ihren Körper von »gefährlichen Schlacken

Giftstoffe sind die Ursache der meisten Störungen im menschlichen Körper. Die meisten Menschen haben nicht genug **Lebenskraft**, um die

Ausscheidungsorgane mit der Energie zu versorgen, die sie brauchen, um normale Abfallprodukte zu beseitigen. Ohne diese Energie werden die »Schlacken« nicht aus dem Körper hinausgespült. Sie lagern sich vielmehr in den Gelenken und Organen ab. Es gibt Namen für jedes Symptom, das bei uns Schmerzen und Beschwerden auslöst. Bestimmte giftige Abfälle, die dem ganzen Körper schaden, werden von einem Bestandteil des Apfelessigs unschädlich gemacht. Die Wissenschaftler bezeichnen diese Schutzwirkung als Acetolyse.

Dieser Prozeß zerlegt die Abfallstoffe und macht sie harmlos. Wenn Sie sich schlecht fühlen und Ihnen die Energie fehlt, um die notwendigen Pflichten des Alltags zu erfüllen, ist es an der Zeit, daß Sie die giftigen »Schlacken« beseitigen, mit denen die Ausscheidungsorgane offenbar alleine nicht fertig werden.

Denken Sie daran, daß der Darm, die Lungen, die Haut und die Nieren Ausscheidungsorgane sind. Sie sind Ihre treuen Diener. Sie arbeiten 24 Stunden am Tag und sorgen für die Ausscheidung giftiger Abfallprodukte aus dem Körper. Oft brauchen diese Organe Hilfe, und der Apfelessig kann eine solche Hilfe sein.

Reinigung des Körpers mit Apfelessig

Geben Sie 2 Teelöffel natürlichen Apfelessig in 170 Gramm Tomatensaft. Trinken Sie die Mischung ein- oder zweimal am Tag zwischen den Mahlzeiten.

Linderung von Kopfschmerzen mit Apfelessig

Die Menschen machen viele verschiedene Organe im Körper für ihre Kopfschmerzen verantwortlich, meist die Augen, die Nerven, die Leber, die Nebenhöhlen, den Magen, den Darm oder die Nieren. Man kann Kopfschmerzen in zwei Gruppen einteilen.

Der eine Typ kann mit einer lange währenden Krankheit im Zusammenhang stehen. Die Schmerzen sind Boten, die uns sagen wollen, daß sich tief im Körper etwas Gefährliches abspielt und daß wir etwas dagegen tun sollten. Anders gesagt, Schmerzen sind ein Warnsignal der Natur. Es kann Probleme in der Gallenblase, in der Leber, in den Nieren oder in anderen wichtigen Körperorganen anzeigen.

Die Kopfschmerzen des zweiten Typs haben emotionale Ursachen. Sie sind oft auf Nervosität, Unruhe, Streß, Überlastung, Anspannung oder andere emotionale Störungen zurückzuführen.

In dieser Welt müssen wir mit anderen Menschen zusammen leben. Der Alltag mit anderen kann eine schreckliche emotionale Belastung für uns sein, wenn sie Furcht, Eifersucht, Neid, Haß, Gier, Maßlosigkeit oder Selbstmitleid in uns hervorrufen. Wenn unsere Emotionen den Siedepunkt erreichen, stellen sich dumpfe Kopfschmerzen ein. Am schlimmsten ist die Migräne. Sie ruft Schmerzen hervor, die den Kopf zu spalten scheinen.

Ich habe mich viele Jahre lang mit Kopfschmerzen aller Art befaßt und herausgefunden, daß der Urin alkalisch statt sauer ist, wenn der Körper Kopfschmerzen auslöst. Das bedeutet, daß die Nieren unter den Emotionen leiden. Es bedeutet, daß der Körper aus dem Gleichgewicht geraten ist.

Die Apfelsäure im Apfelessig kann die Nieren in ihrem Bemühen unterstützen, den Urin zu normalisieren, so können daher auch Kopfschmerzen gelindert werden.

Anleitung:

Geben Sie Apfelessig und Wasser zu gleichen Teilen in eine kleine Pfanne oder in eine kleine Schale. Stellen Sie das Gefäß auf den Herd, und lassen Sie die Mischung langsam kochen. Wenn sich Dämpfe bilden, legen Sie ein Handtuch über den Kopf und beugen sich über das Gefäß, bis die Dämpfe stark, aber noch erträglich sind. Atmen

Sie dann die Dämpfe aus Apfelessig und Wasser in tiefen Zügen ein, mindestens achtzigmal.

Viele Menschen, die an chronischen Kopfschmerzen leiden, haben mir berichtet, daß ihnen dieses Verfahren innerhalb von 35 bis 40 Minuten Erleichterung verschafft und daß sie auf Schmerztabletten verzichten konnten.

Mittel gegen Warzen, Hühneraugen und Schwielen

Sie können Hühneraugen und Schwielen an den Händen oder Fußsohlen weich machen und auflösen, wenn Sie reinen Apfelessig auftragen.

Tun Sie das, **nachdem** Sie die Hände oder Füße zwanzig Minuten lang in warmem Wasser gebadet haben. Trocknen Sie sich nach dem Bad gut ab, und tragen Sie den reinen Apfelessig auf. Benutzen Sie ein Baumwolltuch, das Sie mit dem Essig getränkt haben. Lassen Sie den Apfelessig zehn Minuten einwirken, und waschen Sie ihn dann mit lauwarmem Wasser ab. Trocknen Sie sich ab, und reiben Sie anschließend die betroffenen Partien kräftig mit einem rauhen Handtuch ab.

Warnung:

Reiben Sie Warzen nicht ab, *nachdem Sie den Apfelessig entfernt haben. Tupfen Sie sie sanft ab.*

Dadurch können Sie verhindern, daß sich die Warzen ausbreiten.

Apfelessig bei Verbrennungen und Sonnenbrand

Tupfen Sie die Haut leicht mit Apfelessig ab, um das Brennen und Stechen zu beheben. Das verschafft Ihnen sofortige Linderung. Wenn Sie am ganzen Körper Sonnenbrand haben, schütten Sie eine oder zwei Tassen Apfelessig in warmes Badewasser, und legen Sie sich in die Wanne.

Apfelessig bei Halsschmerzen

Apfelessig ist ein Feind aller Keime, die den Hals angreifen. Um die Bakterien zu bekämpfen, füllen Sie ein Glas oder eine Tasse zu einem Viertel mit Apfelessig und gießen dann lauwarmes Wasser bis zum Rand nach. Verwenden Sie kein heißes Wasser; denn es zerstört die Enzyme. Diese Mischung können Sie zum Gurgeln benutzen. Gurgeln Sie stündlich mit drei Mundvoll, und spucken Sie die Flüssigkeit dann aus. Schlucken Sie sie nicht; denn der Apfelessig saugt Keime und Gifte aus dem benachbarten Gewebe wie ein Schwamm auf. Sobald sich der Hals besser anfühlt, können Sie die Abstände zwischen dem Gurgeln auf eineinhalb Stunden verlängern.

Als Ergänzung zum Gurgeln sollten Sie etwas Wasser heiß machen und zwei Eßlöffel Apfelessig hineinschütten. Tauchen Sie ein Tuch in die heiße Mischung und bedecken Sie den ganzen Hals damit. Über das Tuch wickeln Sie ein heißes Handtuch. Die Rachenhaut absorbiert diese Mixtur durch die Haut des Halses.

Selbst wenn Sie bei guter Gesundheit sind, ist Gurgeln mit Apfelessig ein- oder zweimal pro Woche zu empfehlen, um den Körper bei der Ausscheidung von Giftstoffen durch das Rachengewebe zu unterstützen. Das Gurgeln ist auch während des Fastens hilfreich, weil der Körper dann als Teil des Heilungs- und Entgiftungsprozesses einen dunklen, zähen Schleim absondert.

Apfelessig hält die Haut gesund

Sie erreichen eine größere Vitalität durch Massage mit Apfelessig.

Gießen Sie eine halbe Tasse Apfelessig in ein kleines Waschbecken mit warmem Wasser. Tauchen Sie beide Hände hinein, und massieren Sie den nackten Körper – Gesicht, Hals, Brust, Arme, Schultern, Rücken, Bauch, Beine und Füße. Reiben Sie die Mischung gut in die Haut ein, und massieren Sie sich kräftig. Gesunde Haut reagiert sauer, weil sie durch ihre Milliarden Poren Giftstoffe ausscheidet.

Diese Behandlung ist viel besser als Abseifen, da Seife auf der Haut alkalisch reagiert, und das ist genau das, was Sie nicht haben will! Wenn Sie die saure Reaktion der Haut bewahren, bleibt sie nicht nur gesund, sondern sie trägt auch zur Gesunderhaltung des Körpers bei. Nachdem Sie die Haut gut mit dem Essigwasser benetzt haben, reiben und massieren Sie die Haut, bis sie trocken ist. Tun Sie das mindestens einmal in der Woche. Aber waschen Sie das Essigwasser nicht ab; lassen Sie es auf der Haut. Wenn Sie die Mixtur in die Haut einreiben, spüren Sie, wie neue Kraft in Ihren Körper strömt.

Ich habe festgestellt, daß mich nach hartem Körpertraining oder langer geistiger Arbeit neue Kraft und Energie erfüllt, wenn ich eine Massage mit Apfelessig durchführe. Wenn Sie sich wieder einmal körperlich oder geistig müde und abgespannt fühlen, probieren Sie diese Methode mit Apfelessig und Wasser aus. Ich versichere Ihnen, Sie werden sie noch sehr oft anwenden. Der Erfolg spricht für sich selbst!

Juckende Kopfhaut, trockenes Haar, Schuppen und Kahlheit

Die Säure (Apfelsäure) und die Enzyme (»Zündfunken« des Lebens) im Apfelessig töten den »Flaschenbazillus«, einen Keim, der für viele Probleme der Kopfhaut und der Haare verantwortlich ist, zum Beispiel für juckende Kopfhaut, Schuppen, Haarausfall und Kahlheit.

Jedes Haar hat sein eigenes »Ölkännchen«. Flaschenbazillen verstopfen die Öffnungen, und es bilden sich Schuppen und kleine, trockene Krusten. Die Folge ist Juckreiz. Die nach Öl hungernden Haare fallen entweder aus, oder sie brechen ab, was zu dünnem Haar oder Kahlheit führt.

Apfelessig tötet nicht nur Flaschenbazillen ab, sondern regt auch die »Ölkännchen« zu größerer Aktivität an.

Anleitung:

Gießen Sie zwei Eßlöffel Apfelessig in eine kleine Tasse oder Schale. Befeuchten Sie einen Waschlappen mit Wasser, und tauchen Sie ihn in den Apfelessig. Teilen Sie das Haar in Abschnitte auf, und benetzen Sie die Kopfhaut mit dem Essig. Lassen Sie ihn mindestens fünfzehn Minuten (bis zu zwei oder drei Stunden) lang einwirken, ehe Sie die Haare waschen. Dadurch unterstützen Sie die Wiederherstellung des Säure-Basen-Gleichgewichts der Kopfhaut. In akuten Fällen können Sie dieses Verfahren täglich oder vor jeder Kopfwäsche anwenden.

Auch wenn Sie die Haare nach dem Waschen spülen, sollten Sie eine kleine Menge Apfelessig ins Spülwasser geben.

Verjüngen Sie Ihre Haut

Die oberste Schicht der Haut besteht aus mikroskopisch kleinen, flachen Schuppen, die ständig abschilfern und dabei die neue Haut unter dem oberen, älteren Schuppenmantel freilegen. Bei zahllosen Menschen blättern die alten, toten, trockenen äußeren Schüppchen nicht rasch genug ab, so daß andere die alt anmutende, trockene, stumpfe, leblose Haut sehen. Machen Sie eine »Gesichtsschälkur« mit Apfelessig, und Sie sehen sofort jünger aus.

Anleitung:

Waschen Sie die Haut zunächst mit warmem Wasser, aber ohne Seife. Legen Sie dann ein schweres Handtuch, das Sie mit warmem Wasser getränkt haben, drei Minuten lang auf die Haut. Entfernen Sie das Handtuch. Wringen Sie ein weiches Leinenhandtuch in lauwarmem Wasser, in das Sie drei Eßlöffel Apfelessig pro Tasse gegeben haben, und legen Sie es auf die Haut. Bedecken Sie das Leinenhandtuch mit einem schweren Handtuch, das Sie in warmem Wasser ausgewrungen haben. Warten Sie fünf Minuten.

Entfernen Sie dann beide Handtücher. Spülen Sie die Haut mit warmem Wasser ab, und reiben Sie die Haut kräftig mit einem feuchten Handtuch. Mit diesem letzten Rubbeln entfernen Sie die Mil-

lionen alter, trockener Schuppen, die der Apfelessig losgelöst und gelockert hat.

Sie können dieses Verfahren jede Woche mit sensationellem Erfolg wiederholen. Ihre Haut wird frisch und jung aussehen und frohes, neues Leben ausstrahlen. Letzten Endes werden wir alle nach unserem Aussehen beurteilt. Wir sind stolz darauf, wenn wir so gut wie möglich aussehen und einen vorteilhaften Eindruck machen.

Hautunreinheiten und Pickel

Beugen Sie sich über eine Pfanne mit kochendem Wasser, und lassen Sie den Dampf auf die Haut einwirken. Legen Sie ein Handtuch über den Kopf, um den Dampf einzufangen und allen fettigen Schmutz zu lockern. Tupfen Sie dann mit einem Baumwolltuch Apfelessig auf die Haut, um den Schmutz ganz zu entfernen. Wiederholen Sie dies zweimal, und betupfen Sie das Gesicht anschließend mit etwas gekühltem Apfelessig, um die Poren zu schließen und die Haut zu straffen. Diese Dampfreinigung sollten Sie einmal wöchentlich vornehmen.

Ein anderes vorzügliches Hautreinigungsmittel ist ein Brei aus Aloe vera (eine Kaktusart). Brechen Sie ein Rippe Aloe vera ab, schlitzen Sie sie auf, und reiben Sie den Brei direkt auf die Haut.

So stärken Sie Ihr Herz

Anleitung:

Geben Sie zwei oder drei Tropfen Apfelessig in ein halbvolles Glas Wasser, und trinken Sie diese Mischung dreimal täglich zwischen den Mahlzeiten. Sie ist besonders wirksam vor einem Spaziergang, einem Lauf oder einer anderen sportlichen Betätigung.

Das Herz ist ein großer Muskel. Es verbraucht viel Kalium, weil es ein Leben lang unaufhörlich schlägt. Es muß ständig und gleichmäßig mit Energie versorgt werden, damit es nicht stillsteht. Apfelessig enthält einen natürlichen Stoff, der sich mit dem »Herztreibstoff« verbindet und den Herzmuskel viel stärker macht (sie stärkt auch andere Muskeln).

Apfelessig gegen müde Muskeln und Gelenkschmerzen

Nichts erquickt müde, schmerzende Muskeln mehr als ein Apfelessigbad verbunden mit einer Selbstmassage. Legen Sie sich in ein warmes Bad, in das Sie eine oder zwei Tassen Apfelessig gegossen haben, und massieren Sie langsam den ganzen Körper. Beginnen Sie mit den Fußsohlen. Drücken und entspannen Sie sanft, aber fest jeden Teil des Fußes, und arbeiten Sie sich langsam das Bein hinauf zur Hüfte. Fahren Sie dann mit dem anderen Fuß fort. Machen Sie weiter mit dem Rumpf, den Armen und dem Hals, und reiben Sie stets in Richtung Herz. Die Gesichtshaut tupfen Sie nur leicht von unten nach oben ab – ziehen Sie die Gesichtshaut nie nach unten. Zum Schluß massieren Sie Kopfhaut und Kopf in kreisförmigen Bewegungen mit den Fingerspitzen.

Nasenbluten

Weichen Sie ein kleines Stück Baumwolltuch in Apfelessig ein, stopfen Sie es sanft ins Nasenloch, und lassen Sie es eine Weile dort. Der Apfelessig fördert die Blutgerinnung.

Bessere Verdauung mit Apfelessig

Trinken Sie fünf Minuten vor dem Essen einen Eßlöffel Wasser mit zwei Tropfen Apfelessig. Behalten Sie die Flüssigkeit ein paar Sekunden lang im Mund, ehe Sie sie schlucken. Dies fördert die Produktion von Speichel, einem der wichtigsten Verdauungssäfte. Speichel setzt die Stärkeverdauung schon im Mund in Gang. Bei Millionen von Menschen ist die Stärkeverdauung gestört, weil ihr Speichelfluß zu schwach ist; sie leiden daher an Blähungen, Aufgedunsenheit und Sodbrennen. Im Magen fördert der verdünnte Apfelessig, vor der Mahlzeit eingenommen, die Absonderung von Magensaft, und die Folge ist bessere Verdauung.

Auflösung von Nierensteinen

Zahlreiche Nierensteine lassen sich mit Apfelessig auflösen. Verwenden Sie Apfelessig in Salaten aus Kohl, Karotten, Sellerie, roten Rüben, Tomaten, grünen Zwiebeln, Petersilie und Gurken. Essen Sie Backpflaumen, Rosinen und Äpfel in derselben Mahlzeit.

Apfelessig bei Blasenentzündungen

Bereiten Sie einen großen Salat aus frischen, rohen Tomaten, Olivenöl und Apfelessig zu. Trinken Sie dazu sehr langsam und schluckweise ein Glas reinen Apfelsaft mit einem Teelöffel Apfelessig.

Nehmen Sie diese Mahlzeit wenigstens dreimal in der Woche zu sich.

Apfelessig bekämpft Gallensteine

Trinken Sie vor der »Gallenblasenspülung« eine Woche lang vier Gläser (je 200 g) reinen

Apfelsaft. Wenn Sie Hypoglykämie haben, verdünnen Sie den Saft.

Füllen Sie ein Glas zu einem Drittel mit reinem Olivenöl (andere Öle eignen sich für diesen Zweck nicht) und zu zwei Dritteln mit reinem Apfelsaft. Gießen Sie dazu einen Eßlöffel Apfelessig. Trinken Sie diese Mischung am ersten Tag dreimal.

Während der Gallenblasenspülung dürfen Sie nichts essen.

Am zweiten Tag trinken Sie die Mixtur zweimal. An beiden Tagen dürfen Sie soviel Apfelsaft trinken, wie Sie wollen – aber keine andere Flüssigkeit, nicht einmal Wasser. Essen Sie am Morgen des dritten Tages einen großen Salat aus rohem Kohl, Karotten, Sellerie, roten Rüben, Tomaten und Kopfsalat mit reichlich Apfelessig und Olivenöl. Essen Sie dazu ein Gericht aus gedünstetem Gemüse, zum Beispiel Spinat, Grünkohl oder ein anderes grünes Blattgemüse.

Beobachten Sie Ihren Stuhlgang, und passen Sie auf, was geschieht.

Apfelessig läßt die Prostata schrumpfen

Anleitung:

Mischen Sie einen Eßlöffel Apfelessig mit zwei Eßlöffeln reinem Olivenöl und einer Prise Zimt. Gießen Sie die Mischung über Tomatenscheiben.

Essen Sie diesen Salat täglich ein- oder zweimal zu den Mahlzeiten.

Apfelessig bei Frauenbeschwerden

Machen Sie eine Spülung mit Apfelessig, um die Gesundheit der Scheide zu verbessern.

Anleitung:
Geben Sie drei Eßlöffel Apfelessig in zwei Liter warmes Wasser. Das ist eine reinigende, antiseptische und stärkende Lösung zum Spülen.
Wenn Sie Ausfluß haben, spülen Sie täglich ein- oder zweimal, je nach Schwere des Ausflusses, danach weniger oft, wenn der Ausfluß schwächer wird. Für eine gute Scheidenhygiene genügt eine Spülung pro Woche.

Essen Sie Salate mit viel Petersilie und Sellerie, auf die Sie zwei Eßlöffel Apfelessig gegossen haben. Zur Verbesserung des Geschmacks können Sie ein ungesättigtes Öl dazugeben. Erdnußöl, Sojaöl, Sonnenblumenöl, Safloröl und Olivenöl sind ungesättigt. Diese Salate tragen dazu bei, eine schlaffe Gebärmutter zu straffen.

Apfelessig gegen Arthritis

Harte, steinartige Ablagerungen füllen und zementieren die Gelenke. Andere harte Ablagerungen vergrößern und verkrüppeln die Gelenke. Die Folge ist eine schmerzhafte Arthritis. Diese harten Ablagerungen können Sie mit Apfelessig bekämpfen.

Anleitung:

Trinken Sie nach dem Aufstehen ein Glas Tomatensaft, in das Sie einen halben Teelöffel Apfelessig getan haben. Unmittelbar danach essen Sie einen ganzen rohen Apfel. Gießen Sie bei jeder Mahlzeit einen Eßlöffel Apfelessig auf Ihren rohen Salat, und vergessen Sie nicht, vor der Mahlzeit einen Apfel zu essen.

Arzneimittel gegen Arthritis?

Zunächst einmal glaube ich nicht an Arzneimittel. Heilung ist ein innerer, biologischer Vorgang, den nur der Körper bewirken kann.

Ich empfehle Apfelessig nicht als spezielles Mittel gegen Krankheiten. Er ist Teil eines ausgewogenen Programms, bei dem es um eine natürliche Lebensweise geht. Eine natürliche Ernährung, tiefe Atmung, körperliche Bewegung, Ruhe und Entspannung – das alles ist notwendig, damit sich der Körper selbst heilen kann. Apfelessig ist ein wichtiger Bestandteil des Programms. Wenn wir alle Kräfte der Natur nutzen, verläßt der Körper den Weg, der zur Krankheit führt, und schlägt den Weg zur

Gesundheit ein. Gesundheit ist etwas, was wir lernen müssen.

Apfelessig wirkt gegen Verschleimung

Viele Menschen leiden unter Schleimbildung in den Nebenhöhlen, in der Nase und im Hals. Oft kommt ein äußerst unangenehmes Tropfen aus der Nase hinzu. Wenn die Betroffenen auf den Verzehr von Milchprodukten und Eiern verzichten und reichlich Apfelessig zu sich nehmen, verschwindet die Verschleimung mit der Zeit.

Anleitung:

Trinken Sie nach dem Aufstehen ein Glas Wasser mit einem Teelöffel Honig und zwei Teelöffeln Apfelessig. Nehmen Sie dieses Getränk im Laufe des Tages noch einmal zu sich. Gießen Sie zweimal am Tag mindestens einen Eßlöffel Apfelessig und etwas Olivenöl auf Ihren Salat.

Paprika ist reich an Kalium; mischen Sie ihn in den Salat und in gekochte Speisen. Zwischen den Mahlzeiten können Sie außer dem Apfelessig auch Apfelsaft und Traubensaft trinken, jedoch nur sehr langsam und Schluck für Schluck. Diese Säfte sind eigentlich keine Getränke, sondern Nahrungsmittel. Wenn Sie jeweils nur eine kleine Menge in den Mund nehmen, wird der Saft besser verdaut und verwertet.

Apfelessig und Verstopfung

Eine regelmäßige Darmentleerung ist wichtig. Die Zahl der Entleerungen sollte der Zahl der Mahlzeiten entsprechen. Das heißt, Sie sollten nach dem Aufstehen und innerhalb von einer Stunde nach einer Mahlzeit Stuhlgang haben. Apfelessig und Leinsamentee schmieren den Darm. Nehmen Sie zwei Eßlöffel Leinsamen. Bringen Sie zwei Tassen Wasser zum Kochen, und geben Sie den Leinsamen hinein. Lassen Sie das Wasser weitere fünfzehn Minuten kochen, und seihen Sie dann die Samen ab. Sie erhalten eine geleeartige Substanz. Gießen Sie einen Teelöffel Apfelessig hinein, und trinken Sie davon eine Tasse auf nüchternen Magen. Wiederholen Sie dieses Verfahren jeden Morgen, bis sich der Stuhlgang normalisiert hat.

Warnung:

Apfelessig ist kein Arzneimittel. Heilung ist ein innerer, biologischer Vorgang. Nur der Körper selbst kann heilen. Wie bereits erwähnt, ist Apfelessig dabei einer der wirksamsten Helfer, die die Wissenschaft kennt. Er ist eine natürliche Substanz, die von starken Enzymen erzeugt wird. Er ist die ergiebigste Kaliumquelle, und dieses Mineral ist für die Gesundheit des Körpers äußerst wichtig.

Befolgen Sie die Ratschläge in diesem Buch, und essen Sie natürliche Nahrung. Mindestens die

Hälfte Ihrer Kost sollte aus rohem Obst, Salaten und Gemüse sowie aus richtig zubereitetem Obst und Gemüse bestehen. Essen Sie natürliches Eiweiß, natürliches Fett und natürliche Kohlenhydrate, und verzichten Sie auf alle raffinierten, verarbeiteten und denaturierten Nahrungsmittel. Tee, Kaffee, Alkohol und Colagetränke verträgt Ihr Körper nicht.

Wenn Sie sich von Giften gereinigt und den Nährstoffmangel behoben haben, ist der Körper gesund und arbeitet normal.

Der Körper heilt und repariert sich selbst. Wenn wir eine dynamische Gesundheit anstreben, ist es unsere Pflicht, alles zu tun, was wir tun können, damit der Körper einwandfrei arbeitet.

Außer einer guten Ernährung sind auch ausreichender Schlaf, Körpertraining im Freien, eine tiefe Atmung und Gelassenheit notwendig. Der Mensch lebt nicht vom Brot allein; er braucht auch geistige Nahrung. Der Mensch muß kämpfen, um sein körperliches, seelisches und geistiges Gleichgewicht zu finden.

Was wird aus den Säurekristallen im Körper?

Sicherlich haben Sie schon oft Bemerkungen gehört wie diese: *»Er ist alt und steif, und sein Fleisch ist zäh.«* Wenn wir an »alte« Menschen denken, stellen wir uns Leute mit steifen Gelenken und zähem Fleisch vor.

Warum bekommen die Menschen steife Gelenke, und warum wird ihr Fleisch zäh, wenn sie älter werden? Die meisten Leute würden diese komplexe Frage so beantworten: *»Weil sie alt sind.«* Aber das ist nicht die richtige Antwort. Die Ursache vorzeitigen Alterns geht vielmehr auf Kaliummangel zurück. Die Menschen studieren ihren Körper nicht, und sie lernen auch nicht, was sie essen sollen, damit Gewebe und Gelenke jung bleiben. Die meisten Menschen begnügen sich damit zu essen, »was ihnen schmeckt« – oder sie essen das, was sie als Kinder zu Hause gegessen haben, und behalten diese frühen Eßgewohnheiten als Erwachsene bei.

Sie müssen ein Leben lang gegen Übersäuerung kämpfen

Selbst der gesündeste Mensch auf der Welt muß ständig gegen die Bildung von Säurekristallen im Körper ankämpfen. Der größte Feind der Säurekristalle ist der Cocktail aus Wasser, Apfelessig und Honig. Diese hochwirksame Mischung löst die Säurekristalle auf, so daß die Nieren und die anderen Ausscheidungsorgane sie aus dem Körper spülen können.

Apfelessig beugt Muskelkrämpfen vor

Viele Menschen erwachen mitten in der Nacht mit schmerzhaften Muskelkrämpfen. Diese Krämpfe treten meist in den Füßen und Beinen auf, manchmal auch im Magen, im Darm oder im Herzen. Das sind furchterregende Erlebnisse! Die meisten Menschen, die Krämpfe in den Beinen haben, sind gezwungen, aus dem Bett zu springen und mit dem verkrampften Bein zu stampfen, um sich Erleichterung zu verschaffen. Viele Menschen, die Krämpfe in anderen Körperteile bekommen, müssen schnell gehen, um den Krampf zu lösen.

Wenn sich Säurekristalle in den Blutgefäßen der Beine und anderer Körperteile ablagern, sind schwere Krämpfe die Folge. Ich habe vielen dieser Leidenden empfohlen, dreimal täglich ein Glas Wasser mit zwei Teelöffeln Apfelessig und zwei Teelöffeln Honig zu trinken, um diesen schmerzhaften Krämpfen vorzubeugen. Dadurch lösen sich die Säurekristalle und verlassen den Körper, so daß es nicht mehr zu den schrecklichen Muskelkrämpfen kommt.

So ziehen Sie gesunde Kinder auf

Ich habe meine Kinder anders erzogen als üblich, und meine Enkel und Urenkel werden heute ebenfalls nach den Grundsätzen der natürlichen Gesundheitslehre* aufgezogen. Ich habe meinen Kindern beigebracht, wie sie stets einen vollkommen gesunden Körper mit weichem, zartem Gewebe und elastischen Muskeln haben können. Die richtige Ernährungsweise versetzt sie in die Lage, langsamer zu altern und sich noch in den späten Lebensjahren einer glatten, jungen Haut, eines guten Gehörs, klarer, strahlender Augen und einer ausgezeichneten geistigen und körperlichen Vitalität zu erfreuen – ohne jedes Anzeichen von Senilität.

Meine Kinder und meine Familie leben in völliger »Alterslosigkeit«! Sie mußten aber ihre Lektionen über eine richtige Ernährung auch erst lernen. Diese Lektionen machten Eindruck auf die Kinder. Ich nahm ein altes Huhn und ließ es zum Mittagessen zubereiten. Die Kinder aßen vom Fleisch des alten Huhnes und fanden es zäh und wenig schmackhaft. Ich erklärte ihnen, daß Kaliummangel nicht nur Hühnerfleisch und Rindfleisch zäh macht, sondern daß mit menschlichem Fleisch das gleiche geschieht.

* Ausführliche Informationen über die natürliche Gesundheitslehre und die Ausbildung zum GesundheitsPraktiker erhalten Sie auf Anfrage von der Gesellschaft für natürliche Lebenskunde e.V., Postfach 1212, 27723 Worpswede.

Um meinen Kindern zu beweisen, daß Apfelessig und Honig ein wichtiger Bestandteil der täglichen Kost sind, wählte ich ein weiteres altes Huhn für den Mittagstisch aus. Dieses Mal fütterte ich das alte Huhn in Gegenwart meiner Kinder mit Apfelessig. Ich öffnete ihm den Schnabel und flößte ihm zwei Teelöffel Apfelessig ein. Das tat ich zweimal am Tag, eine Woche bis zehn Tage lang. Dann wurde das Huhn zum Essen zubereitet. Nun zeigte ich den Kindern den Unterschied zwischen diesem und dem ersten Huhn. Sie konnten sehen, daß dieses Fleisch zart war. Es war, als würden wir ein junges Huhn essen.

Wenn wir zulassen, daß sich Säurekristalle in den Gelenken und im Gewebe eines Tieres verhärten, werden die Gelenke steif und das Gewebe hart. Das Fleisch wird zäh und geschmacklos. Das gilt auch für menschliches Gewebe, wenn Mangel an Kalium besteht. Wenn wir einem Tier Apfelessig geben, werden abgelagerte Säurekristalle gelöst und verlassen den Körper. Auf diese Weise wird das Fleisch zart.

Wenn das Körpergewebe aber alle Säurekristalle aufnimmt, die es aufnehmen kann, machen diese sich zuerst in den Schleimbeuteln und Gelenken bemerkbar und rufen Arthritis und Bursitis (Schleimbeutelentzündung) hervor. Wenn Sie die Schmerzen in steifen, vorzeitig gealterten Gelenken lindern möchten, trinken Sie täglich ein Glas Wasser mit zwei Teelöffeln Apfelessig und zwei Teelöffeln Honig. Beurteilen Sie das Resultat selbst. Beobachten Sie, wie elastisch und beweglich Ihre Gelenke werden.

So bleiben Gelenke und Gewebe jung

Wenn Sie an vorzeitig gealterten Gelenken und verhärtetem Gewebe leiden, trinken Sie mehrmals täglich Wasser mit Apfelessig. Wenn Sie sich außerdem noch ausgewogen ernähren (von einer Kost, die mindestens zur Hälfte aus rohem und gedünstetem Obst und Gemüse besteht), werden Sie großen Nutzen davon haben. Verringern Sie Ihren Eiweiß–, Stärke- und Zuckerkonsum, und achten Sie darauf, wie jung Sie sich zu fühlen beginnen. Die meisten Menschen haben den normalen Kontakt mit der Natur und mit dem einfachen, natürlichen Leben verloren. Sie wissen nicht mehr, wie man sich natürlich ernährt.

Wenn Sie den Apfelessig-Honig-Cocktail einige Monate lang ein- oder zweimal am Tag getrunken haben, werden Sie feststellen, daß die Gelenkschmerzen verschwunden sind. Sie werden entdecken, daß Sie mehrere Treppen hinaufgehen oder -laufen können, ohne sich anzustrengen. Sie werden beobachten, daß Sie jünger aussehen und sich so jung fühlen wie seit Jahren nicht mehr. Verzichten Sie nicht auf Ihren Kaliumcocktail; machen Sie ihn zur täglichen Gewohnheit. Ich habe im Laufe der Jahre viele, viele vorzeitig gealterte Menschen gesehen, die steife Gelenke und eine alte Haut hatten und sich nach einiger Zeit in neue Menschen verwandelten. Ich kann es nicht für Sie tun. Sie müssen dieser Kur mit Apfelessig und Honig die Chance geben zu beweisen, was sie für SIE tun kann!

Verdünnt Apfelessig das Blut?

Viele Leute hegen das Vorurteil, daß reiner, natürlicher Apfelessig dem Körper schadet. Ich versichere Ihnen, daß dieses Naturprodukt nichts enthält, was Ihrem Körper in irgendeiner Weise schaden könnte.

Wenn ich Vorträge über den Nutzen des Apfelessigs halte, fragen mich die Zuhörer: *»Aber, Dr. Bragg, ich habe immer gehört, daß Essig das Blut verdünnt. Stimmt das nicht?«* Als Antwort auf diese Frage sage ich meinen Gästen immer: *»Eiweiß kann das Blut verdicken, und die natürlichen Säuren im Apfelessig tragen dazu bei, das Blut zu normalisieren.«*

Ganz instinktiv servieren die Menschen Preiselbeersoße (die vier verschiedene natürliche Säuren enthält) zum Truthahn oder zu anderem Geflügel. Sie servieren Apfelsoße zum Röstbraten. Sie legen eine Zitronenscheibe auf den Fisch. Sie servieren Pilze mit Steak (Pilze sind reich an Zitronensäure).

Alle diese natürlichen Säuren, die zusammen mit eiweißreichen Speisen serviert werden, haben den Zweck, die verdickende Wirkung des Proteins zu verringern. Es geht nicht darum, ob der Apfelessig das Blut verdünnt oder nicht. Wir sollten uns mehr Gedanken darüber machen, ob Eiweiß das Blut verdickt. Blut muß dünn, nicht dick sein, damit es ungehindert im Körper zirkulieren kann. Dickes Blut belastet das Herz und erhöht den Blutdruck. Denken Sie daran, daß das Blut in den Arterien durch den ganzen Körper fließen muß, auch in den haarfeinen Kapillaren. Das Blut kann unmöglich durch die winzigen Kapillaren strömen, wenn zuviel Eiweiß es verdickt hat.

Vor einigen Jahren traf ich eine Frau, die einen extrem hohen Blutdruck hatte. Ich ließ sie zwei Tage lang fasten und gab ihr den Apfelessig-Honig-Cocktail zu trinken. Sie trank ihn drei- bis fünfmal am Tag. Nach 48 Stunden war ihr Blutdruck um viele Punkte gefallen. Das Ohrensausen hatte aufgehört, und ihre dumpfen Kopfschmerzen waren verflogen. Danach ernährte sie sich richtig (ohne Salz, gesättigtes Fett, Tee, Kaffee usw.) und trank täglich Ihren Cocktail, und nach wenig mehr als sechs Monaten war ihr Blutdruck normal.

Ich empfehle Apfelessig mit Honig nun schon seit vielen Jahren, und die Leute haben mir Hunderte von Fragen dazu gestellt. Sie haben mich gefragt, ob der Apfelessig das Blut austrocknet oder ob er sie dünn und mager macht. Ich antworte darauf stets, daß ich selbst seit über siebzig Jahren diesen Apfelessig-Honig-Cocktail trinke und daß er in meinem Körper wahre Wunder gewirkt hat.

Seit vier Generationen gesunde Braggs

Ich habe meinen Kindern von Geburt an Apfelessig gegeben, und sie haben ihn ihren Kindern gegeben. Jetzt geben ihn meine Enkelkinder meinen Urenkeln. Wir alle mischen Apfelessig und ungesättigtes Fett (Erdnußöl, Sojaöl, Olivenöl, Maisöl, Safloröl) täglich in unsere Salate. Außerdem gießen wir Apfelessig über Spinat, Grünkohl, Senfblätter, Mangold, Rübenblätter und viele andere gedünstete Speisen.

Ich habe Apfelessig schon Zehntausenden von Menschen in aller Welt empfohlen, und nie habe ich von einem einzigen Fall gehört, wo er etwas Schlechtes bewirkt hätte! Sie werden also nur davon profitieren, wenn Sie den Cocktail aus Wasser, Apfelessig und Honig trinken.

Kalium – das Meistermineral

Denken Sie immer daran, daß Kalium Giftstoffe löst, so daß sie aus dem Körper hinausgespült werden können. Der Körper heilt und repariert sich selbst. Sie brauchen ihm nur die Werkzeuge zu geben, mit denen er arbeiten kann, und Sie bekommen einen schmerzlosen, unermüdlichen, alterslosen Körper, einerlei, wie alt Sie sind! Vergessen Sie Ihr Alter und die Kalenderjahre – denn das Alter ist nicht giftig!

Sie altern vorzeitig, weil Sie an Nährstoffmangel leiden, weil Sie zuwenig Lebenskraft haben und weil Ihre Ausscheidung unzureichend ist.

Wenn Sie natürlich leben, stellen Sie Ihre Lebenskraft wieder her. Beobachten Sie die Veränderungen im Körper, wenn Sie Ihren Cocktail aus Wasser, Apfelessig und Honig trinken. Sie können und werden aus sich das machen, was Sie sein wollen!

Befolgen Sie die Anleitungen in diesem Buch genau. Versuchen Sie aber nicht, alles, was Sie hier lesen, auf einmal zu tun. Denken Sie daran, daß es lange gedauert hat, bis Ihre falsche Lebensweise Störungen im Körper hervorgerufen hat. Jetzt benötigt der Körper Zeit, um sich instandzusetzen und eine gesunde Heimstätte für Sie zu werden. Vergessen Sie bitte nicht, daß Ihr Körper Ihre »Wohnung« ist, solange Sie auf Erden leben. Darum sollten Sie ihn behüten und beschützen.

Machen Sie den 48-Stunden-Test

Fasten Sie zwei Tage lang, und nehmen Sie nichts weiter zu sich als den Cocktail aus Wasser, Apfelessig und Honig. Trinken Sie ihn während dieser 48-Stunden-Periode mindestens dreimal täglich (wenn Sie wollen, bis zu fünfmal). Am zweiten Tag nach dem zweitägigen Fasten füllen Sie eine Flasche mit Ihrem Morgenurin, verschließen Sie die Flasche und stellen Sie sie zwei Wochen lang beiseite. Dann nehmen Sie sie mit hinaus in die Sonne und betrachten sie. Sie werden mit eigenen Augen das Sediment auf dem Boden der Flasche sehen – Giftstoffe, die aus dem Körper gespült wurden!

Wir lernen leichter, gut zu anderen zu sein, als gut zu uns selbst zu sein.
Paul C. Bragg

Bragg-Gesundheitsprogramm für körperliche, seelische und geistige Gesundheit
von Dr. Patricia Bragg

Stellen Sie sich vor – Sie können innerhalb von neunzig Tagen Ihr Blut erneuern!

Ihr Blut ist nicht länger dick, träge und mit Giften gesättigt, sondern kräftig und rot und reich an allen Vitaminen, Mineralien und lebenswichtigen Nährstoffen, die für eine strahlende und dauerhafte Gesundheit notwendig sind. Vor allem müssen wir den Eisengehalt des Blutes erhöhen. Denn dies ist eines der größten Geheimnisse des Lebens: Je mehr Eisen das Blut enthält, desto mehr Sauerstoff strömt durch den Körper und reinigt jede einzelne Zelle. Sauerstoff ist das stärkste Anregungsmittel der Welt. Er stimuliert, ohne depressiv zu machen. Alle anderen Stimulanzien regen zwar an, lösen aber anschließend Depressionen aus. Tabak, Alkohol, Kaffee, Tee, raffinierter weißer Zucker und Medikamente haben diese negative Wirkung auf den Körper, nicht aber der Sauerstoff. Darum gibt es in unserem Gesundheitsprogramm nicht die eben erwähnten zerstörerischen Anregungsmittel. Lassen Sie sie nicht in Ihren Körper hinein! Vertrauen Sie darauf, daß natürliche Stimulanzien mehr Lebenskraft spenden. Machen Sie zuerst die Atemübungen, die für dieses Programm so wichtig sind. Essen Sie Lebensmittel, die das Blut mit lebenswichtigem Blutzucker anreichern helfen, zum Beispiel Honig, frische Früchte, Salate und frisches Gemüse.

Stellen Sie sich folgende wichtige Frage, ehe Sie etwas essen oder trinken: *»Baue ich damit mein Blut auf oder zerstöre ich es?«* Seien Sie stets auf der Hut, und schützen Sie Ihr Blut, den Strom des Lebens! Wenn es nach Flüssigkeit verlangt, geben Sie ihm reines Wasser (am besten destilliertes Wasser, wie wir es in unserem Buch »Wasser – das größte Gesundheitsgeheimnis« beschrieben haben) oder lebendige, nahrhafte Säfte, zum Beispiel frischen Obst- oder Gemüsesaft. Besorgen Sie sich einen Entsafter, am besten einen Champion-Entsafter*, der wie eine Presse arbeitet und nicht mit Zentrifugalkraft, und stärken Sie Ihr Blut täglich mit frischem Orangen-, Grapefruit- oder Karottensaft. Sie können auch verschiedene frische Säfte mischen, zum Beispiel Säfte aus Sellerie, Tomaten, Rüben, Karotten und Petersilie. Zwei der wertvollsten Säfte, die Sie mit diesen Gemüsesäften mischen können, sind der Saft von rohem Spinat und roher Brunnenkresse. Wenn Sie sich einen besonderen Genuß gönnen möchten, zerdrücken Sie eine oder zwei Knoblauchzehen und mischen Sie den Saft mit dem Gemüse-

* Weitere Informationen über destilliertes Wasser und einen Entsafter erhalten Sie auf Anfrage vom Fit-fürs-Leben-Informationsdienst e.V., Postfach 1271, 27718 Ritterhude.

saft. Knoblauch hat eine starke reinigende Wirkung.

Trinken Sie nicht zuviel von diesen Säften. Ein halber Liter am Tag genügt. Manche Leute, die sich einen Entsafter kaufen, schießen über das Ziel hinaus und trinken zuviel Saft. Wenn Sie dem Körper eine zu große Menge dieser Säfte zumuten, bringen Sie womöglich den Zuckerstoffwechsel durcheinander. Übertreiben Sie nicht, auch nicht mit Lebensmitteln, die gut für Sie sind. Mäßigung bei der Nahrungsaufnahme ist der beste Weg zu einer besseren Vitalität!

Stellen Sie sich vor – in nur elf Monaten haben Sie ein völlig neues ICH! Jede einzelne Zelle Ihres Körpers hat sich erneuert. Es gibt Billionen solcher Zellen; aus ihnen bestehen die Haare, die Augen, die Nase, die Haut, die Hände, die Füße und alle lebenswichtigen Organe. Sie brauchen nicht das Risiko einzugehen, daß die Verpflanzung eines Herzens, einer Niere oder eines anderen Organs mit sich bringt. Es steht in Ihrer Macht, sich durch die Nahrung, die Sie essen, die Getränke, die Sie zu sich nehmen, und die Luft, die Sie atmen, einen neuen, vitalen Körper vom Scheitel bis zur Sohle aufzubauen. *»Du bist, was Du ißt!«* Was Sie heute essen, wird morgen gehen und sprechen! Was für ein wundervolles Geschenk hat der Schöpfer uns gegeben – die Macht, alle neunzig Tage neues Blut und alle elf Monate einen völlig neuen Körper heranzubilden. Der Schöpfer gab uns die Intelligenz und die Vernunft, um unseren Körper zu beherrschen. Er gab uns einen scharfen Verstand, um mit ihm zu denken.

Sie können beinahe alles in Ihren Magen stopfen und fast ungestraft davonkommen. Die meisten jungen Menschen tun es; denn Jugendliche glauben, ihr Körper sei unzerstörbar. Doch was für eine traurige Lektion müssen sie lernen, wenn sie vierzig oder fünfzig Jahre alt sind und die Beschwerden und Schmerzen in ihren Körper kriechen und aus ihrem Leben eine lebendige, quälende Hölle auf Erden machen!

Hören Sie mehr auf Ihre Vernunft als auf die Empfindungen des Körpers. Die primitiven Gelüste wollen Sie ständig dazu verführen, genau das zu tun, was Ihren Organismus zerstört. Sehen Sie sich um – betrachten Sie die schrecklichen menschlichen Gestalten, die Sie sehen! Schwache Menschen, deprimierte Menschen und Krankheiten überall. Der jämmerliche Zustand, in dem der Durchschnittsmensch sich befindet, ist selbstverschuldet. »*Denn was der Mensch sät, das wird er ernten*« (Gal. 6,7).

Wir sollten wissen und daran denken, daß alles im Universum, ohne Ausnahme, von unumstößlichen Gesetzen regiert wird. Wenn wir sie verstehen und befolgen, säen wir die Samen eines sinnvollen, gesunden Lebens!

Machen Sie jeden Tag zu einem gesunden Tag –

und es wird Ihnen jeden Tag besser gehen! Sie werden die neue Kraft und Energie spüren, die in Ihren Körper strömt. Mir fehlen die Worte, um Ihnen zu sagen, was Sie fühlen werden, wenn Sie wirklich natürlich und gesund leben. Es ist ein Gefühl, das sich nicht beschreiben läßt. Es ist ein starkes und frohes Gefühl – voll zu leben, stark zu sein und über unbegrenzte Energie zu verfügen.

Sagen Sie nicht, es ist zu spät für mich

Schwache Menschen finden immer einen Grund, ihre falschen Lebensgewohnheiten beizubehalten. Sie sagen, sie seien zu alt, um mit einem Gesundheitsprogramm zu beginnen. Zunächst einmal glaube ich nicht, daß Alter giftig ist. Die Zeit ist nur eine Maßeinheit, nicht mehr und nicht weniger. Wir haben schon lange aufgehört, nach Kalenderjahren zu leben. Wir leben nur nach biologischen Jahren. Es gibt eine Menge Menschen in den Dreißigern und Vierzigern, die biologisch gesehen vorzeitig gealtert sind. Und es gibt viele Menschen in den Sechziger-, Siebziger-, Achtziger- und Neunzigerjahren, die biologisch jung sind.

Wenn Sie vorzeitig altern, leiden Sie meiner Meinung nach an einer starken Vergiftung (Toxämie) und an Mangelzuständen. Ich glaube, dies ist die Hauptursache für die meisten Beschwerden der Menschen. Und dieses Programm wird Ihnen zeigen, wie Sie diese beiden heimtückischen Feinde bezwingen können. Dies hat auch schon *Dr. John H. Tilden* in seinem Buch »Mit Toxämie fangen alle Krankheiten an« gesagt.

Hören Sie also von dieser Minute an auf, nach Kalenderjahren zu leben! Sie können Ihre Geburtstage einfach vergessen – so wie ich. Wir alle haben in jeder Sekunde einen Geburtstag; denn neue Körperzellen werden ständig geboren. Darum weg mit dem Geschwätz vom »Altwerden«! Von diesem Augenblick an haben Sie kein Alter, abgesehen von Ihrem biologischen Alter, und dieses Alter werden Sie künftig selbst bestimmen. Sagen Sie jeden Tag immer wieder zu sich selbst: *»Ich werde niemals alt!«* Brennen Sie diese Worte tief ins Bewußtsein, und begraben Sie es vor allem tief im Unterbewußtsein.

Die meisten Menschen haben panische Angst davor, »alt zu werden«. Sie sehen sich selbst halb blind, mit schlechtem Gehör, ohne Zähne, ohne Energie und Vitalität und geistig senil. Sie sehen sich selbst als Last für Angehörige und Freunde. Sie sehen sich selbst im Altersheim, allein, verlassen und vergessen. Ja, die Menschen fürchten sich vor dem Alter und vor den vielen Krankheiten, die damit einhergehen. Wenn sie nur wüßten, daß sie selbst diese menschliche Tragödie verhindern können. Sie brauchen diese schreckliche Zeit nie zu erleben – wenn Sie von heute an richtig leben. Heute ist der Tag, an dem Sie sich gegen Senilität und Altersschwäche wappnen werden. Darum beschwöre ich Sie, die Naturgesetze zu befolgen. Sie werden jünger werden, während Sie länger leben! Genau dies ist das Ziel unseres Programms – die Erhaltung der Gesundheit.

Vorbeugung hilft Ihnen, jung, vital und kraftvoll zu bleiben!

Die Verlängerung des Lebens durch eine spezielle Therapie chronischer Krankheiten ist oft nicht mehr als eine Leidensverlängerung. Manchmal werden die Betroffenen »lebende Tote« genannt. Wer möchte länger leben, nur um zu leiden? Meiner Meinung nach ist es heute wichtiger vorzubeugen, als zu heilen. Denn kein Mensch ist imstande, Sie zu heilen! Nur die Natur kann heilen. Wenn Sie gesund sein wollen, müssen Sie wissen, wie man richtig lebt. Eine Unze Vorbeugung ist besser als ein Pfund Therapie!

Der größte Feind der Gesundheit ist die Verstopfung!

Ich kenne kein Arzneimittel dagegen. Aber Sie können der Verstopfung vorbeugen, wenn Sie ballaststoff- und wasserreiche Nahrung essen, die den gesamten Verdauungskanal zu intensiver Arbeit anregt. In fernen Ländern, die wir bereist haben – abseits der sogenannten modernen Zivilisation –, sind die Menschen daran gewöhnt, nach jeder Mahlzeit Stuhlgang zu haben. Machen auch Sie es sich zur Gewohnheit, nach dem Aufstehen und nach jeder Mahlzeit den Darm zu entleeren. Erziehen Sie sich dazu. Wenn Sie Kinder haben, sollten Sie ihnen dieses Verhalten von klein an beibringen – zu Hause und in der Schule. Wenn sich alle so verhalten würden, gäbe es keine Verstopfung.

Eine Kost, die gesund und jung erhält

Ihre Nahrung sollte zu mindestens 60 % aus rohem Obst, Salaten und Gemüse sowie aus gedünstetem oder gebackenem Gemüse bestehen. Dadurch können Sie Magenbeschwerden, Unwohlsein und Verstopfung, die bei Erwachsenen und Kindern so häufig sind, verhüten. Der »Aufnahme« sollte die »Abgabe« entsprechen, das heißt, Sie sollten nach dem Aufstehen und nach jeder Mahlzeit Stuhlgang haben.

Verstopfung vergiftet den Körper. Studien belegen, daß sich bei Verstopfung Giftstoffe (Toxine) bilden. Wenn diese Gifte in den Kreislauf gelangen, wird die Leber, das Entgiftungsorgan des Organismus, nicht mit ihnen fertig, sondern schickt sie zurück in den Körper, wo sie Beschwerden und Krankheiten hervorrufen. **Die Toxämie ist unser wahrer Feind!** Wenn Sie mir nicht glauben, lesen Sie die Bücher von *Dr. Norman W. Walker* »Darmgesundheit ohne Verstopfung« und von *Wolfgang Spiller* »Dein Darm – Wurzel der Lebenskraft«.

Ich bin davon überzeugt, daß die Ernährung eine sehr wichtige Rolle spielt, wenn es darum geht, gesund zu bleiben und Krankheiten zu verhüten. Ich habe bei meinen Forschungen festgestellt, daß eine Kost, die aus raffiniertem Weißmehl, Fabrikzucker, verarbeitetem Fleisch, weißem Reis, Kaffee, Tee, Cola, Alkohol, Margarine, verkochtem Gemüse und gesalzenen Speisen besteht, zahlreiche Störungen im menschlichen Körper hervorrufen kann, vor allem Krankheiten der Atemorgane und des Magen-Darm-Traktes. Meiden Sie alle diese vitalstofflosen Nahrungsmittel!

Woher kommt Ihre Energie?

Der Lebensfunken wird von der Energie unterhalten, die in jeder einzelnen Zelle des menschlichen Körpers vorhanden ist. Die Zelle besteht aus Elektronen, Protonen, Neutronen, Positronen und Alphateilchen. Die Atome geben ständig Ionen ab, wenn der Organismus Energie benötigt, um geistig oder körperlich zu arbeiten. Dieser Energieverlust muß ausgeglichen werden. Jede Körperzelle ist eine Art Batterie, die aufgeladen werden muß, wenn sie leer ist. Dies geschieht durch Nahrungsaufnahme; aber auch richtige Atmung und körperliche Bewegung tragen dazu bei.

Nun gibt es zwei Arten von Nahrungsmitteln. Die eine hat eine hohe Schwingung, die andere – verarbeitete, mit Chemikalien versetzte, vitalstofflose Nahrung wie Weißmehl, Zucker usw. – hat eine niedrige Schwingung. Es ist unmöglich, einen jungen, dynamischen Körper zu haben, wenn Sie ihm jahraus, jahrein Nahrungsmittel geben, die eine niedrige Schwingung haben.

Essen Sie ausschließlich Nahrung, die eine hohe Schwingung aufweist! Viele Menschen hegen das Vorurteil, Eiweiß habe die höchste Schwingung. Eiweiß ist zwar ein wichtiger Nährstoff für den Organismus; aber frische Früchte haben eine viel höhere Schwingung. Früchte erzeugen Blutzucker, und Blutzucker gibt den Nerven Energie. Früchte haben eine doppelte Aufgabe im Körper. Einmal sind sie reich an natürlichem Zucker, und zum anderen fördern sie die Ausscheidung von Abfallprodukten und Giftstoffen, die dem Körper großen Schaden zufügen können. Oft hören Sie jemanden sagen: *»Ich bin allergisch gegen Äpfel, Grapefruits, Pfirsiche oder Erdbeeren.«* Diese Leute haben keine

Ahnung davon, welche Bedeutung Früchte für ihren Körper haben. Nehmen wir meinen Vater als Beispiel. Er wuchs vor vielen Jahren im Süden der Vereinigten Staaten auf. Seine Kost enthielt viel Eiweiß, da die Familie Schweine, Hühner, Rinder und Schafe züchtete. Bei jeder Mahlzeit standen mehrere Sorten Fleisch auf dem Tisch. Außerdem gab es heiße Brötchen und Brot aus Weißmehl, Kartoffelbrei und Bratkartoffeln und immer einen gezuckerten Nachtisch. Jedesmal, wenn er Erdbeeren, Tomaten, grünen Paprika oder Obst aß, litt er an einem äußerst schmerzhaften, juckenden roten Nesselausschlag. Man sagte ihm, er sei gegen diese Obst- und Gemüsearten allergisch und müsse sie meiden. Also verzichtete er auf diese lebenswichtigen Lebensmittel, bis er sich im Alter von sechzehn Jahren für Gesundheitsfragen zu interessieren begann.

Erst viele Jahre später, als er sein Gesundheitsprogramm vervollkommnet hatte, konnte er Obst und Gemüse essen, ohne daß nachteilige Reaktionen eintraten. Durch Fasten und sorgfältige Ernährung entgiftete er sich langsam und konnte dann alle natürlichen Lebensmittel essen, ohne heftige Reaktionen wie in seiner Kindheit befürchten zu müssen. Als er jung war, war sein Körper derart mit Giften, Schleim und zersetzten Nahrungsrückständen gesättigt, daß er oft unter Reinigungssymptomen (Ausschlag, Erkältung, Kopfweh,

Schmerzen usw.) litt, wenn er Früchte aß und diese ihre reinigende Wirkung im Körper entfalteten.

Dies ist der Grund dafür, daß nicht jeder, der sich lange von einer eiweiß-, stärke-, zucker- und fettreichen Kost ernährt hat, sofort frisches Obst und rohes Gemüse in größeren Mengen zu sich nehmen kann.

Übergangskost

Wer gesund leben will, muß verstehen, was im Körper vor sich geht. Erstens hilft frisches, rohes Obst, Salate und Gemüse dem Körper, Giftstoffe auszuscheiden. Doch der Körper läßt sich nicht zur Eile zwingen! Im Durchschnitt dauert es geraume Zeit, bis der Körper mit Giftstoffen gesättigt ist, und es dauert ebenfalls lange, bis diese Substanzen wieder entfernt sind.

Je mehr rohes Obst, Salate und Gemüse Sie wieder vertragen, desto sauberer ist Ihr Körper! Betrachten Sie also rohe Früchte und rohes Gemüse als Lebensmittel mit der höchsten Schwingungsfrequenz, und seien Sie dankbar für ihre großartigen reinigenden Kräfte!

Ich esse oft vier oder fünf Tage lang fast nur Rohkost. Mein typisches Menü sieht so aus:

Frühstück: Roher Frucht- oder Gemüsesaft (aus frischen Orangen, Grapefruits, Karotten,

Sellerie, Knoblauch, Spinat usw.) und später rohes Obst (Melone, Äpfel, Papayas, Bananen usw.) oder ein spezielles Mixgetränk zur Aufmunterung, das nahrhaft, wohlschmeckend und leicht zuzubereiten ist:

1 Glas Saft (Orange, Ananas, Apfel usw.)
1–2 reife Bananen oder Früchte der Saison
1 Tl. rohe Sonnenblumenkerne
$^{1}/_{2}$ Tl. Rosinen.

Mixen Sie alle Zutaten. Wenn Sie ein kühles Getränk haben möchten, geben Sie Eiswürfel in den Mixer. Sie können die Zutaten nach Belieben und nach Ihrem Geschmack verändern.

Mittagessen: Ein großes gemischtes Rohkostgericht aus Gemüse, Sprossen und grünem Salat und ein paar Nüssen oder Samen.

Abendessen: Zuerst Salat, dann zwei gedünstete oder gebackene Gemüse und ein Gericht aus folgender Liste: Bohnen, Linsen, brauner Reis, Vollkornnudeln, gebackene oder gedünstete Kartoffeln.

Vergessen Sie nicht Ihren täglichen Apfelessig in Form des »Cocktails« und als Zutat zu Salaten, gedünstetem Gemüse usw. Die *Diamonds* haben in ihren Büchern »Fit für's Leben« Teil I und II und »Neue Eßkultur mit SonnenKost« viele Rohkost- und Übergangsrezepte aufgenommen, zum Teil mit farbigen Abbildungen. Sie können sehen, wie einfach es ist, »anders« zu essen als der Durchschnittsbürger.

Nun wissen Sie ja, was man den Leuten heutzutage erzählt – zuerst, daß sie den Tag mit einem großen Frühstück beginnen müssen, weil es ihnen die in den Morgenstunden dringend benötigte Energie liefert. Also verschlingen sie ein umfangreiches Frühstück, das meist aus einer großen Schale Getreideflocken mit Sahne und Zucker, Eiern mit Speck oder Schinken, heißem Kuchen, einem Haufen Toast mit Butter und Marmelade besteht. Und das alles spülen sie mit Kaffee, Milch oder Kakao hinunter. Sicherlich fällt Ihnen auf, daß diese Liste kein Obst enthält. Die Mahlzeit setzt sich aus Stärke, Eiweiß und Fett, jeweils in konzentriertem Zustand, zusammen. Das Verdauungssystem benötigt Stunden, um diese Unmenge an konzentrierten, verarbeiteten Speisen zu bewältigen. Die gesamte Energie des Körpers wird für diese schwere Verdauungsarbeit gebraucht. Darum frage ich Sie im Namen des gesunden Menschenverstandes: Wie kann eine große Mahlzeit dieser Art einem Menschen die Energie für seine morgendlichen Pflichten spenden? Die Wahrheit ist: Sie kann es nicht. So lassen sich Hausfrauen und Mütter von Konzernen zum Narren halten, die all diese nährstofflosen Produkte verkaufen!

Nur wer einer harten körperlichen Arbeit nachgeht, kann eine Mahlzeit wie diese verbrennen.

Aber selbst das ist zweifelhaft. Jetzt wissen Sie, warum so viele Menschen an Verdauungsstörungen und Verstopfung leiden. Diese schweren Frühstücke aus Fett, Stärke, Eiweiß und Zucker liegen wie Ziegelsteine im Magen und müssen am Ende regelrecht hinausgesprengt werden. Darum verkaufen sich Abführmittel so gut.

Ändern Sie Ihre Ansichten über das Essen. Es kommt nicht darauf an, **wieviel** Sie essen, sondern darauf an, **was** Sie essen. Achten Sie darauf, künftig weniger zu essen – aber essen Sie reichlich Lebensmittel mit hoher Schwingung.

Fasten – Schlüssel der inneren Reinigung

Wenn Sie jede Woche 24 Stunden lang fasten und während dieser Zeit nur Wasser trinken, werden Sie bald feststellen, daß Sie mehr frisches Obst, Salate und Gemüse essen können. Nach einer Fastenkur von drei bis sieben Tagen können Sie noch mehr Lebensmittel mit hoher Schwingung in Ihren Speiseplan aufnehmen.

Ich faste jede Woche 24 Stunden lang und mache auch längere Fastenkuren von drei, sieben und zehn Tagen Dauer. Lassen Sie sich überraschen – Sie werden das Gefühl der inneren Sauberkeit genießen, das sich beim Fasten einstellt! Genaue Fastenanweisungen finden Sie in unserem Buch »Wunder des Fastens«.

Fasten hat eine erstaunliche Wirkung bei Tieren aller Art – selbst bei Würmern. Das sagt Professor *A. E. Crews* von der Universität Edinburgh. »*Geeignete und lebensfördernde Umweltbedingungen vorausgesetzt – dazu gehört auch richtige Körperpflege –, ist ewige Jugend für lebende Organismen durchaus eine Realität. Es hat sich gezeigt, daß ein Wurm zwanzigmal länger als normal leben kann, wenn man ihn wiederholt fasten läßt. Das ist auch bei anderen Tieren nachgewiesen worden.*« Das gibt Ihnen Grund zum Nachdenken!

Denken Sie daran, daß es lange gedauert hat, bis sich in Ihrem Körper Giftstoffe angesammelt haben. Also dauert es auch eine gewisse Zeit, bis sie ausgeschieden sind. Haben Sie Geduld, und vertrauen Sie Ihrem Gesundheitsprogramm – es wird Ihnen wunderbaren Nutzen bringen.

Schränken Sie den Verzehr konzentrierter Nahrungsmittel ein

Wenn Sie noch Fleisch essen, tun *Sie es höchstens dreimal in der Woche.* Fleisch enthält Harnsäure, Harnstoff und gesättigtes Fett. Das sind hochgiftige Substanzen, die dem Körper schaden. Essen Sie hin und wieder Fisch statt Fleisch; er besteht aus reinerem Eiweiß und enthält weniger gesättigtes Fett. Auch Geflügel enthält viel weniger Harnsäure, Harnstoff und gesättigtes Fett als Fleisch. Achten Sie beim Einkauf darauf, daß Sie biologisch einwandfreie Ware erhalten, am besten direkt vom Bauern, wo Sie sich davon überzeugen können, daß das Geflügel frei herumläuft und nicht in Batteriekästen gehalten wird.

Es gibt viele gute **pflanzliche Proteine**. Die Sojabohne enthält ein ausgezeichnetes Protein, ebenso brauner und wilder Reis sowie die vielen Bohnenarten, zum Beispiel getrocknete Limabohnen, Kichererbsen, Erbsen, Linsen, Kidneybohnen und bunte Bohnen. Denken Sie auch daran, daß Bohnen eine gute Magnesiumquelle sind. Dieses Mineral ist für das Herz und für die gesunde Ernährung des ganzen Körpers sehr wichtig.

Schränken Sie Ihren Eierkonsum ein! Sie sind hochkonzentriert und enthalten gesättigtes Fett (Cholesterinbildner) im Eigelb. Wenn Ihr Cholesterinspiegel hoch ist (über 225), verzichten Sie am besten ganz auf Eier. Das gleiche gilt für Käse – auch er ist ein konzentriertes Nahrungsmittel. Wenn Sie Käse essen, achten Sie darauf, daß es sich um einen natürlich gereiften handelt, nicht um eine verarbeitete Sorte, und gehen Sie selbst dann sparsam damit um. Wenn Sie zu Verschleimung neigen, ist es besser, auf Eier und sämtliche Milchprodukte zu verzichten.

Wenn Sie daran gewöhnt sind, ein »herzhaftes« Frühstück zu essen, fangen Sie an, mehr frische Früchte auf den Tisch zu bringen, und schränken

Sie den Verzehr verarbeiteter Nahrungsmittel allmählich ein. Wenn Sie bisher Speck oder Schinken und Weißbrot, Brötchen usw. gegessen haben, sollten Sie jetzt darauf verzichten; denn diese verarbeiteten und konservierten Nahrungsmittel haben eine extrem niedrige Schwingung. Essen Sie nur noch ein Ei am Tag statt zwei, und Sie werden bald imstande sein, sich auf ein oder zwei Eier pro Woche zu beschränken.

Gedünstete Backpflaumen, rohe Weizenkeime, Honig und frisches Obst sind ein gutes, nahrhaftes Frühstück. Aber mit der Zeit sollten Sie lernen, ganz auf das Frühstück zu verzichten. Sie brauchen diese Mahlzeit nicht. Es gibt keine zwei Menschen, die körperlich und geistig aktiver sind als mein Vater und ich, und wir haben nie gefrühstückt – es sei denn, Sie bezeichnen frisches Obst als Frühstück. Aber bevor wir frisches Obst essen, absolvieren wir unser ganzes Morgentraining und unsere Atemübungen, oder wir gehen oder schwimmen eine längere Strecke. Gewöhnlich beginnt unser Tag gegen fünf Uhr morgens, und wir sind aktiv bis zehn Uhr, ehe wir unser frisches Obst essen. Oft sind wir so sehr mit irgendeiner geistigen und körperlichen Aktivität beschäftigt, daß wir gar keine Zeit haben, unser Obst zu essen.

Ich glaube, daß die meisten Menschen zuviel essen! Und das ist der Grund, warum ihre Vitalität ein so niedriges Niveau hat. Übertreiben Sie also nicht beim Essen – auch nicht mit gesunden

Lebensmitteln. Denken Sie einfach daran, daß ein vergifteter Körper eine große Menge Nahrung benötigt. Wenn diese überfütterten Menschen essen, ist der Körper gezwungen, sich mit der Verdauung zu befassen, und er hat keine Energie mehr für die Entgiftung. Darum sammeln sich Giftstoffe an, die körperlichen Leiden verschlimmern sich, und die Alterung wird beschleunigt. Diese Gifte sind Hindernisse und Unruhestifter.

Das »Geheimnis« Ihrer Gesundheit liegt in der inneren Sauberkeit

Dies ist das Ziel, nach dem Sie streben – ein giftfreier Körper! Essen Sie also allmählich mehr frisches Obst, Salate und rohes Gemüse. Essen Sie am Morgen Ihre frischen Früchte und am Mittag Ihren Salat. Essen Sie täglich ein gedünstetes gelbes Gemüse, zum Beispiel Yam, Süßkartoffeln, gelben Kürbis oder Karotten. Anschließend essen Sie ein gedünstetes oder gebackenes Grüngemüse. Als Hauptmahlzeit können Sie ein Protein zu sich nehmen, zum Beispiel Fleisch, Fisch, Eier, Naturkäse oder pflanzliches Protein wie Sojabohnen, Nüsse, Sonnenblumenkerne, Sesamsamen, Avocados usw. Essen Sie mindestens einmal in der Woche Bohnen. Der beste Weg zu einer ausgewogenen Ernährung ist eine Vielfalt an natürlichen Lebensmitteln.

Sie können natürliche Öle wie Olivenöl, Sojaöl, Safloröl, Erdnußöl, Maisöl oder Sesamöl verwenden. Achten Sie aber darauf, daß das Öl kaltgepreßt ist und kein Konservierungsmittel enthält. Lesen Sie vor dem Kauf das Etikett. Ich gieße gern ein wenig Olivenöl über meine gebackenen Kartoffeln anstelle von Butter. Auch ein bißchen Öl auf gebackenen Bohnen ist köstlich – zusammen mit einer Prise Algenpulver und Parmesankäse. Salz verwende ich gar nicht. Gebackene Kartoffeln sind am besten. Ich backe sie im Schnellverfahren: Schrubben Sie die Knollen gründlich ab, wickeln Sie sie nicht ein, und gießen Sie kein Öl darauf. Backen Sie sie 25 Minuten in einem Herd bei 230 Grad. Dadurch wird die Stärke in den Kartoffeln in Zucker umgewandelt. Auch die Haut sollten Sie essen – sie schmeckt köstlich und knackig, wenn Sie nach dieser Methode backen.

Salz sollte kein Bestandteil Ihrer Kost sein! Salz ist eine anorganische Substanz und richtet im Körper nur Unheil an. Lesen Sie Etiketten und Packungsaufschriften, und wenn ein Produkt Salz enthält, kaufen Sie es nicht!

Meiden Sie nährstofflose, verarbeitete Nahrung!

Verzichten Sie auf Weißmehlprodukte und auf Produkte, die Fabrikzucker enthalten. Meiden Sie matschige, tote, raffinierte Getreidespeisen und die üblichen trockenen Getreideflocken – sie haben eine niedrige Schwingung, egal wie sehr sie mit künstlichen Vitaminen und Mineralien angereichert werden. (Wenn Sie ein warmes Getreidegericht essen möchten, können Sie in Naturkostläden organisch angebautes Getreide kaufen.)

Meiden Sie auch gebratene Speisen, tiefgefrorene Speisen, gesalzene Speisen, raffinierte, konservierte, mit Chemikalien versetzte Nahrungsmittel, Kaffee, Tee, Colagetränke, Alkohol, gezuckerte oder gesalzene Säfte, verkochtes und gesalzenes Gemüse sowie gesalzene, mit Mehl und Sahne eingedickte Suppen.

Sie kennen jetzt die Nahrungsmittel, die Sie essen sollten: frisches Obst, frische Säfte, Salate, frisches, gedünstetes oder gebackenes Gemüse. Wenn Sie Fleisch essen möchten, tun Sie es selten, bevorzugen Sie Fisch, Geflügel oder pflanzliches Protein.

Sie kennen jetzt auch die Nahrungsmittel, die Sie nicht essen sollten: nährstofflose, verarbeitete, mit Chemikalien versetzte Speisen und Getränke.

Nutzen Sie Ihre Phantasie, um Mahlzeiten aus lebendiger Nahrung zusammenzustellen, die eine hohe Schwingungsfrequenz haben. Essen Sie vor allem einfach und gelegentlich einen Tag lang nur Obst. Essen Sie nicht zu viele gemischte Speisen; essen Sie nicht zuviel; seien Sie mäßig in jeder Hinsicht, wenn Sie gesund bleiben wollen. Und essen Sie nur, wenn Sie wirklich hungrig sind, nicht allein deshalb, weil es Essenszeit ist. Verdienen Sie sich Ihr Essen durch Aktivität, intensive körperliche Betätigung und Tiefatmung. Sie werden sehen, daß Sie Ihre Mahlzeiten dann viel mehr genießen.

Die Kräfte der Früchte

Denken Sie stets daran, daß frische, reife Früchte die beste Nahrung für den Menschen sind. Die Natur hat in den Früchten auf ihre unnachahmliche Art eine wunderbar ausgewogene, lebendige Vielfalt von Nährstoffen zusammengefügt, die eine hohe Schwingungsrate aufweisen und biomagnetisch sind. Diese lebenden Bausteine sind für die Funktion des Körpers unerläßlich. Von den Strahlen der lebensspendenden Sonne getönt, magnetisierte Luft atmend, durch die Wurzeln der Pflanze mit Mineralien aus der Erde versorgt, stellen Früchte das vollkommene Meisterwerk aus dem elektrochemischen Labor einer Natur dar, die wir »Gott« nennen! Der Mensch kann sich alle Chemikalien eines Apfels aus dem Labor eines Chemikers holen; aber er kann keinen Apfel selbst herstellen! Er kann vielleicht alle Mineralien einer Kirsche analysieren; aber er weiß nicht einmal, was sie rot macht. Er kann eine Weintraube auseinandernehmen und versuchen, sie wieder zusammenzusetzen, und er wird feststellen, daß die Traube, nicht aber die Summe der Chemikalien Leben erhalten kann! Früchte enthalten bestimmte bioelektrische Prinzipien, die ihnen den elektrischen Lebensfunken geben, den kein anderes von der Natur bereitgestelltes Lebensmittel in solcher Vollendung besitzt. Früchte sind die vollkommenste Nahrung der Natur, und sie erhalten das Leben unendlich lange, wenn der Körper vollständig gereinigt wird und in einer natürlichen Umwelt lebt.

Wem läuft nicht das Wasser im Mund zusammen, wenn er vor sich köstliche Früchte sieht – zum Beispiel ein paar gelbe Birnen mit einem Hauch von Rot oder schöne Weintrauben, grün, rot oder blau? Der Anblick der Früchte und mehr noch ihr Geschmack lassen die Verdauungssäfte reichlich fließen; denn sie sind die natürlichen Lebensmittel des Menschen. Früchte sind ohne Einschränkung besonders gut an das menschliche Verdauungssystem angepaßt.

Ich habe gesehen, wie ein Kranker auf alle anderen Speisen verzichtete und ein Glas frisch gepreßten Orangensaft trank. Sein leidender Körper verlangte danach. Er brauchte die lebenswichtigen Nährstoffe, die der Saft reifer Orangen enthält. Ich habe fiebergeschüttelte Kinder um ein Glas Orangensaft bitten sehen. Warum haben sie nicht um ein Schinkenbrot gebeten?

Im großen und ganzen ist eine **reine Früchtekost** als Dauerkost für den durchschnittlichen Amerikaner und Westeuropäer ungeeignet. Sie ist in einem tropischen Klima ausgezeichnet. Doch der Mensch hat sich vom Zustand der Vollkommenheit so weit entfernt, daß er als Früchteesser nicht voll leistungsfähig bleiben kann.

Essen Sie mehr frische Früchte

Wie bereits erwähnt, sind Früchte ein ideales Frühstück. Wenn sie nicht süß genug sind (leider ist das bei vielen Früchten der Fall, die nicht am Baum gereift sind), können Sie Honig dazugeben. Essen Sie im Herbst, Winter und Frühling organisch angebaute Datteln sowie sonnengetrocknete Feigen, Rosinen und Aprikosen neben dem frischen Obst.

Die Avocado – eine Wundernahrung

Die Avocado ist eine wahre Wundernahrung der Natur. Der Avocadobaum ist stark, und Insekten behelligen ihn nicht. Man braucht ihn nicht mit giftigen Chemikalien zu besprühen. Die Avocado enthält lebensspendende Nährstoffe in perfekter Zusammenstellung. Sie enthält ungesättigtes Fett, das der Körper ohne Mühe verwerten kann. Ich esse fast jeden Tag Avocados, wenn ich sie bekommen kann. Ich warte, bis sie reif sind; dann schneide ich sie in der Mitte durch, entferne den Stein und schäle sie. Ich zerquetsche sie gern und träufle frischen Knoblauchsaft darüber. Zusammen mit Tomatenscheiben, Sellerie, Karotten, Kopfsalatblättern, Radieschen, Gurken und grünem Paprika ergeben sie ein köstliches Mittagsmahl mit hoher Schwingung.

Ich esse auch gerne **reife Bananen**. Sie machen nicht dick, wie manche Leute glauben. Sie bestehen zu 70 % aus Wasser. **Äpfel** aller Art sind ebenso wie **Birnen** und **Weintrauben** eine hervorragende Mahlzeit. Essen Sie Obst, und Sie werden überrascht sein, wie wunderbar Sie sich fühlen und wie gut Sie aussehen!

Lebensmittel mit hoher Schwingungsfrequenz enthalten lebensspendende Substanzen

Wenn Sie nur Lebensmittel essen, die hoch schwingen, arbeitet Ihr Körper unter Gottes universellem Gesetz und wird zu einem Instrument, das sich selbst in Gang setzt, sich selbst reguliert und seine eigene Energie erzeugt! Ich möchte, daß Sie unter dem universellen Gesetz der Natur leben, damit Ihr Körper zu einem solchen Instrument wird. Für alle, jung und alt, die die Aufgewecktheit, Vitalität, Energie und Begeisterung der

Jugend bewahren und die Uhr der Zeit zurückdrehen wollen; für alle deren Körper gebeugt ist, deren Augen trübe sind; für alle, die mit unsicheren Schritten gehen in einem Alter, wo sie vom Geist der Jugend übersprudeln sollten – für alle gibt es nur einen Weg zum Leben, nämlich den Weg der Natur!

Das »Alter« ist nur ein schwerer Vergiftungszustand, der mit Vitalstoffmangel einhergeht. Ein vorzeitiger Tod ist oft eine unnötige Tragödie. Unsere Zeit ist eine Zeit der Alterslosigkeit. Sie können daran teilhaben! Der Geist der Jugend ist jetzt überall eine absolute Notwendigkeit. Alte Männer und Frauen sind unerwünscht. Sie sind oft im Wege. Manchmal sind sie sich selbst und allen, mit denen sie zu tun haben, eine Last. Vielleicht sind auch Sie in die Jahre gekommen. Vielleicht befinden Sie sich schon längst in dem Alter, das man als fortgeschritten bezeichnet. Verzweifeln Sie nicht! Sie können nicht nur den Geist, sondern auch die Vitaliät der Jugend wiedergewinnen. Es ist sogar Ihre Pflicht, das zu tun!

Straffen Sie die Schultern, und blicken Sie dem Leben kühn ins Gesicht. Vermeiden Sie vorzeitiges Altern, indem Sie natürlich leben. Essen Sie Lebensmittel, die eine hohe Schwingung haben (also reichlich rohes Obst, Salate und Gemüse); atmen Sie tief; verschaffen Sie sich körperliche Bewegung; fasten Sie jede Woche einen Tag lang (trinken Sie nur Wasser); schlafen Sie nachts erholsame acht Stunden; bleiben Sie entspannt, und erlauben Sie niemandem, Ihnen die seelische und biologische Energie zu rauben.

Ihr Körper wird jeden Tag umgebaut, und vorzeitige Alterung und Senilität sind die Folge der Schlacken, die sich während des Umbaus ansammeln. Verschaffen Sie jedem Teil Ihres Körpers ausreichend Bewegung, und es wird wenige oder gar keine Schlacken geben.

Spielen Sie die Rolle der Jugend. Pflegen Sie den Geist der Jugend, und halten Sie ihn fest! Erhalten Sie sich einen hohen Energiepegel. Halten Sie die Wirbelsäule gerade. Dann bekommt die vorzeitige Alterung keine Gelegenheit, in Ihr Leben einzudringen. Wenn Sie sich bereits in den Klauen des vorzeitigen Alters befinden, beginnen Sie jetzt um die Wiederkehr der Jugend zu kämpfen. Arbeiten Sie mit aller Macht daran, sich dieses unbezahlbare Gut wieder zu beschaffen. Trainieren Sie Ihren Körper so, wie Sie ein Rennpferd trainieren würden. Befolgen Sie die Anweisungen, die Ihnen Kraft, Aufgewecktheit und Begeisterung schenken, und genießen Sie jeden Tag das kostbarste aller irdischen Güter – ein jugendliches, gesundes Leben. Männer und Frauen können mit 50, 60, 70, 80 und selbst mit 90 Jahren jung sein. Einige haben den Geist der Jugend über die Jahrhundertgrenze hinaus bewahrt.

Die Menschen, die im Einklang mit Gottes universellen Gesetzen leben, behaupten, daß das

Leben Jahr für Jahr schöner wird und daß seine Freuden mit dem Alter wachsen. Wenn Sie das unvollkommene Leben vorziehen, wenn Sie auf die wahren Werte der menschlichen Existenz verzichten und statt dessen hemmungslos prassen und sich dem Luxus und dem Müßiggang hingeben, verkaufen Sie Ihr Erstgeburtsrecht für ein Linsengericht.

Wachen Sie auf, und sehen Sie die Chancen, die in Ihrer Reichweite liegen! Verjüngen Sie Ihren Körper. Machen Sie Ihren Geist klar und leistungsfähig. Gehorchen Sie den Gesetzen der Natur, und Sie werden Resultate erzielen, von denen Sie heute kaum zu träumen wagen.

Vorschläge für ein Tagesprogramm

Lüften Sie Ihr Schlafzimmer gründlich, damit Sie während des Schlafs viel Sauerstoff aufnehmen. Achten Sie darauf, mit ausgebreiteten Gliedern zu schlafen, damit die Durchblutung nicht behindert wird. Schlafen Sie nicht in einer verkrampften Haltung und nicht mit dem Kopf auf dem Arm. Strecken Sie sich vollständig aus. Ihre Matratze sollte fest und eben sein.

Sauerstoff ist das Leben des Blutes, und das Blut ist das Leben des Körpers. Wenn Sie etwa 150 Pfund wiegen, enthält Ihr Körper ungefähr 88 Pfund Sauerstoff. Sauerstoff ist das wichtigste

Element in Ihrem Körper. Er ist farblos, geruchlos und geschmacklos. Seine Hauptaufgabe ist die Reinigung des Körpers. Sauerstoffmangel kann ernste Folgen haben, und die meisten Menschen hungern nach Sauerstoff, weil sie zu flach atmen.

Für ein jugendliches, vitales Leben brauchen wir reichlich Luft, reines Wasser und eine Fülle von frischem Obst, Salaten und Gemüse. Sauerstoff ist ohne Zweifel eine Quelle der Energie, die der menschliche Organismus für seine höheren vitalen Funktionen benötigt. Er sorgt für die Instandsetzung und Regeneration des Körpers und hält seine vitalen Funktionen und Stoffwechselprozesse in Gang.

Die Lungen nehmen den Sauerstoff auf, wandeln ihn um und geben ihn ans Blut ab. Er bringt unbekannte Faktoren mit sich, die in den Lebenskräften der Atmosphäre enthalten sind.

Ich weiß, daß Pflanzen durch ihre Wurzeln im Boden alle lebenswichtigen Elemente absorbieren, die sie benötigen, und daß sie sterben, wenn ich ihre Wurzeln zerstöre. Die Lungen sind die Wurzeln des Menschen.

Ohne ausgiebige körperliche Bewegung bleibt die Atmung unzureichend. Ohne ausreichende körperliche Bewegung hat der Organismus kein Verlangen, eine Fülle von Luft aufzunehmen, die sein Lebenselixier ist. Je intensiver wir uns bewegen, desto mehr Luft benötigen wir und desto schneller und tiefer atmen wir. Der Sauerstoff in der Atemluft löst Schlacken auf und beseitigt sie; er baut die festen Strukturen unserer Zellen auf und sorgt so dafür, daß unser Organismus auf höchstem Niveau arbeitet. Jeder Atemzug sollte uns entgiften und unsere Lebenskraft erneuern. Allerdings ist dafür auch der Verzehr natürlicher Nahrung erforderlich. Seien Sie sich darüber im klaren, daß weder Körpertraining noch bewußte Tiefatmung die Degeneration der Zellen verhindern können, wenn nicht die richtige Ernährung hinzukommt.

Dies ist die Erklärung dafür, daß selbst einige Spitzensportler, die sich nicht richtig und ausgewogen ernähren, in ihren späten Zwanziger- und frühen Dreißigerjahren einen körperlichen Niedergang erleben. Vielleicht gibt es ein paar Ausnahmen; aber der durchschnittliche Sportler erreicht seinen Leistungsgipfel etwa mit 27 Jahren, und dann beginnt der Verfall. Ich weiß darüber Bescheid, weil mein Vater mehr als 75 Jahre lang ein aktiver Sportler war und wir beobachtet haben, wie die besten Sportler ihr Leistungshoch erreichten und dann den langsamen Niedergang hinnehmen mußten. Viele sind schon in jungen Jahren gestorben.

Faktoren, die die Atmung beeinflussen

Gedanken und Gefühle haben Einfluß auf die Atmung. Wenn Sie Kopfschmerzen oder andere plötzlich auftretende Symptome haben, sollten

Sie einige Minuten lang im Freien bewußt tief atmen. Die Atemübungen tragen rasch dazu bei, den Körper zu entgiften und wieder ein vorläufiges Gleichgewicht herzustellen, und sie lindern Ihre Beschwerden.

Strecken Sie morgens nach dem Aufwachen Arme und Beine und den ganzen Körper, so wie Sie es beim Gähnen tun. Fahren Sie mit dieser Dehnübung so lange fort, bis Sie spüren, daß jeder Muskel völlig wach ist. Gute Durchblutung ist der Schlüssel zu einer guten Gesundheit! Darum ist es so wichtig, den Körper zu strecken und zu trainieren. Machen Sie diese Übungen nicht nur am Morgen, sondern nehmen Sie sich während des Tages ein wenig Zeit, und halten Sie den Kreislauf in Schwung. Sorgen Sie dafür, daß das Blut so schnell wie möglich durch die Adern strömt. Sitzen Sie nicht länger als eine Stunde. Stehen Sie auf, und gehen Sie umher. **Rasten heißt rosten, und rosten heißt Degeneration!** Sitzen Sie auch im Auto nicht länger als eine Stunde – parken Sie, steigen Sie aus, und strecken und bewegen Sie die Beine und den ganzen Körper.

Bewegung hilft Ihnen jung, geschmeidig und fit zu bleiben

Sie müssen die Steifheit bekämpfen, wenn Sie einen jungen Körper behalten möchten. Die meisten vorzeitig gealterten Männer und Frauen sind nicht in der Lage, die Wirbelsäule zu strecken und ständig eine gute Haltung zu bewahren. Bewegungsmangel hat sie steif und starr gemacht.

Es ist kein Wunder, daß Männer und Frauen vorzeitig alt werden, sich zur Ruhe setzen und mißmutig und im wahrsten Sinne des Wortes »halsstarrig« werden. Sie bewegen die Gelenke der Wirbelsäule nicht! Wenn Sie sich bereits in diesem steifen Zustand befinden, handeln Sie unverzüglich! Arbeiten Sie an sich selbst, und kämpfen Sie um Geschmeidigkeit und Elastizität in jedem Teil Ihres Körpers, vor allem in der Wirbelsäule. Jetzt haben Sie eine echte Aufgabe: Ihre Wirbelsäule geschmeidig und elastisch zu machen. Ihre Figur kann zehn Jahre jünger aussehen, wenn Sie die Wirbelsäule in Bewegung halten. Jung aussehende Menschen haben eine gute Haltung. Wenn Sie Ihre Haltung verbessern wollen, müssen Sie sich um die Wirbelsäule kümmern. Die Wirbelsäule ist ein wunderbares »Instrument« und die zentrale Stütze des ganzen Körpers. Sie besteht aus aufeinanderliegenden beweglichen Knochen (Wirbeln) und kleinen Scheiben (Menisci), die sich in den Gelenkspalt hineinschieben und als Puffer dienen. Kleine Beutel an den Gelenken enthalten ein spezielles Schmiermittel. Die Wirbelsäule ist dafür bestimmt, sich zu bewegen! Wenn sie locker und elastisch bleibt, bewegt sich der ganze Körper anmutig, leicht und mit jugendlichem Schwung.

Die Taille ist Ihre Lebenslinie

Nehmen Sie heute noch ein Maßband und messen Sie Ihre Taille. Schreiben Sie die Zahl auf, und nehmen Sie von nun an täglich Maß. Wenn Sie die Bauchmuskulatur intensiv trainieren, wird Ihre Taille schon bald straffer sein und jünger aussehen. Selbstverständlich müssen Sie sich auch richtig ernähren und an einem Tag in der Woche fasten (später auch drei, fünf oder sieben Tage lang).

Fasten, richtige Ernährung und Körpertraining sind eine Wohltat für die Taille. **Eine schlanke, straffe Taille macht Sie um Jahre jünger.** Wenn Ihre Taille also zu weit und zu dick ist, lassen Sie sie schrumpfen. Sie müssen fit wie ein Pferd sein, das ein langes Rennen läuft – und ich bin sicher, wir alle wollen sehr lange auf dieser Welt sein! Gesund zu leben ist so wunderbar. Glauben Sie mir, das Leben ist schön!

Die Menschen mißbrauchen den Leib auf schreckliche Weise! Es nützt nichts, wenn Sie tote, leere Kalorien essen und sich selbst einre-

* »Ich habe eine vollkommene Gesundheit, einen neuen Zustand der Existenz und ein Gefühl der Reinheit und des Glücks gefunden, das den Menschen unbekannt ist.«
Der Schriftsteller Upton Sinclair, der häufig fastete.

den, ein kleiner Imbiß hier und eine kleine Zwischenmahlzeit da werde sich nicht bemerkbar machen. Sie irren sich. Tote Nahrungsmittel erzeugen Giftstoffe im Körper, und diese tragen dazu bei, daß Ihr Bauch dicker und schlaffer wird. Essen Sie selbst von der richtigen Nahrung nicht zuviel! Der Körper braucht nur soviel Nahrung, daß ihm genügend Energie zur Verfügung steht. Wenn Sie zuviel Brennstoff in ihn hineinstopfen, kann er den Überschuß nicht verbrennen – und Sie sind bald einer von vielen dicken Menschen, die man heute herumlaufen sieht.

Mit Selbstbetrug werden Sie nicht weit kommen. Sie schaden sich damit nur! Denken Sie daran, daß der Bauchraum samt seinen Muskeln im Laufe der Jahre schlaffer wird. Man nennt dies Viszeroptose (Eingeweidesenkung). Bei älteren Menschen, die ihre Bauchmuskulatur nicht trainieren, ist dieses Leiden weit verbreitet. Es kann eine Mitursache für Verstopfung, Leberkrankheiten und sogar Eingeweidebrüche sein.

Wenn die Bauchwand erschlafft und der daraus resultierende Hängebauch noch durch Fettpolster vergrößert wird, beginnen die Probleme im Inneren des Leibes. Die meisten Menschen haben einen deutlich vorstehenden Bauch, wenn sie das vierzigste Lebensjahr erreicht haben. Sehen Sie sich einmal um, und Sie werden mir zustimmen!

Sorgen Sie also dafür, daß Ihr Bauch nicht erschlafft. Geben Sie sich Mühe, ihn wieder straff zu machen. Er spricht rasch auf Training an!

Bewahren Sie sich Ihre jugendliche Haltung

Es besteht eine tiefreichende Beziehung zwischen einer guten Haltung und Jugend einerseits und einer gebeugten Haltung und Alterung andererseits. Die Haltung der Jugend bewahren bedeutet im Grunde, die Jugend selbst zu bewahren; denn es besteht ein fundamentaler Zusammenhang zwischen der gesunden, normalen Wirbelsäule und körperlicher Fitneß, die gleichbedeutend ist mit Jugend, unabhängig von der Zahl der Lebensjahre.

Wie ich bereits erwähnt habe, ist die Krümmung der Wirbelsäule nach vorn das am leichtesten erkennbare Merkmal der vorzeitigen Alterung – in Verbindung mit den »runden Schultern«, die sie unweigerlich begleiten. Bei vorzeitig gealterten Menschen ist dieser Zustand oft sehr deutlich ausgeprägt; sie sind beinahe doppelt nach vorn gekrümmt. Doch bei manchen Menschen tritt dieses Symptom der vorzeitigen Alterung schon ziemlich früh im Leben auf.

Andererseits sehen Menschen in fortgeschrittenem Alter zehn bis dreißig Jahre jünger aus, wenn sie nur die Wirbelsäule strecken und aufrecht gehen. Blicken Sie sich um, und achten Sie auf die

Haltung der Leute; dann werden Sie sehen, was ich meine!

Man kann sagen, daß unser ganzes Leben ein ständiger Kampf um eine korrekte, aufrechte Haltung sein sollte. Denken Sie daran, daß die Wirbelsäule den gesamten Körper stützt. Alle anderen Körperteile sind sozusagen Anhängsel der Wirbelsäule. Wenn Sie keine Wirbelsäule hätten, wären Sie eine Qualle, ein Schalentier oder ein Insekt. Halten Sie die Wirbelsäule gerade und aufrecht, und bewahren Sie Ihre Geschmeidigkeit! Eine gute Gesundheit und ein langes Leben hängen von der aufrechten Haltung ab. Stellen Sie sich vor einen großen Spiegel und betrachten Sie Ihre Haltung genau – und dann beginnen Sie, daran zu arbeiten!

So prüfen Sie Ihre Haltung: Stellen Sie sich so an eine Wand, daß Fersen, Gesäß, Taille (ziehen Sie sie ein, und drücken Sie sie nach hinten), Schultern und Kopf anliegen. Gehen Sie dann von der Wand weg, aber behalten Sie diese aufrechte Haltung bei. Tun Sie das mehrere Male während des Tages, und versuchen Sie, diese Haltung so lange wie möglich beizubehalten. Ihre Muskeln werden sich bald an die gerade Haltung gewöhnen.

Hören Sie auf zu sterben – beginnen Sie zu leben

Die Bibel sagt: *»Das Himmelreich ist mitten in Euch«*, und ich glaube fest daran. Wir können aus dem Körper, in dem wir leben, entweder ein Himmelreich oder eine Folterkammer machen.

Es liegt allein an Ihnen, in was für einem Körper Sie leben! Ich kann nicht für Sie leben. Niemand kann das. Sie sind erwachsen und reif, und Sie müssen den Realitäten des Lebens ins Auge sehen. Ich bin sicher, Sie haben die Willenskraft und den Wunsch, dieses Programm zu befolgen – also tun Sie es, und fangen Sie schon heute damit an!

Dieses Programm zeigt Ihnen den Weg zur körperlichen Vollkommenheit; denn es steht im Einklang mit den Gesetzen der Natur. Gott und die Natur machen keine Kompromisse. Entweder Sie gehorchen den Gesetzen der Natur, oder Sie versuchen, sie zu brechen. Aber Sie können weder ein Naturgesetz noch ein Gesetz Gottes brechen – denn bei diesem Versuch werden Sie zerbrechen.

Befolgen Sie die Naturgesetze

Die von Gott erlassenen Gesetze sind vollkommene Gesetze, die zu Ihrem Besten geschaffen wurden:

- Essen Sie **natürliche Nahrung.**
- Atmen Sie Gottes **Luft** tief ein.
- **Trainieren** Sie die 640 Muskeln Ihres Körpers.

- Trinken Sie **reines Wasser.**
- Geben Sie Ihrem Körper **Sonnenschein** (Sonnenbäder).
- **Überarbeiten** Sie Ihren Körper nicht; denn dies führt zu Streß und Verspannung und nervlicher Erschöpfung.
- Halten Sie den Körper **innen und außen sauber.**
- Leben Sie **intelligent und weise.**

Wir sind Geschöpfe eines vollkommenen Schöpfers. Darum muß in uns das Potential vorhanden sein, körperlich vollkommen zu werden. Es muß die Absicht unseres Schöpfers sein, daß wir körperlich vollkommen sind!

Wenn es der Wille unseres Schöpfers ist, daß wir körperlich vollkommen sind, dann verstoßen wir gegen den Schöpfungsplan und folglich gegen den Willen oder das Gesetz Gottes, solange wir körperlich unvollkommen sind. Anders und einfacher ausgedrückt: Wir verstoßen mit unserer Lebensweise gegen den Willen Gottes.

Sie sehen also, daß wir auf allen drei Ebenen leben müssen, um körperliche Vollkommenheit zu erreichen: auf der physischen, auf der seelischen und auf der geistigen Ebene.

Wenn wir auf der physischen Ebene richtig leben, erreichen wir zwangsläufig einen höheren seelischen und geistigen Zustand.

Wenn Sie natürliche Lebensmittel essen und gesundes, sauberes Blut heranbilden, werden Sie geistig wacher. Und die wunderbare Folge ist, daß uns eine neue Ruhe erfüllt. Sie werden ein neues Gefühl des Selbstvertrauens, des Friedens und der Gelassenheit erleben. Wenn jede Zelle, jedes Organ und jeder Körperteil vollkommen arbeiten, muß der Körper auch physisch, seelisch und geistig vollkommen sein. Was für eine Befriedigung werden Sie empfinden, wenn Sie gesund leben und den Lohn dafür empfangen!

Das Ausmaß Ihrer körperlichen Vollkommenheit zeigt an, wie sehr Sie sich bemühen, durch richtige Ernährung, Körpertraining, Tiefatmung und jugendliches Denken den Plan und den Willen unseres Schöpfers zu erfüllen, wonach Sie unabhängig vom Alter körperlich vollkommen werden und bleiben sollen.

Der Körper muß dem Geist gehorchen

Sie können alles in Ihren Magen stopfen, saure Gurken ebenso wie Hot Dogs. Nicht der Magen regiert den Körper, sondern ein intelligenter und vernünftiger Geist. Lassen Sie mich mit der unzweideutigen Feststellung schließen, daß der Geist, wenn er das richtige Ziel hat, den Körper veranlassen kann, dieses Programm zu befolgen, und darum kann er dazu beitragen, den Körper vollkommen zu machen. Das ist unser Ziel – körperliche Vollkommenheit!

Ich wünsche Ihnen körperliche Vollkommenheit, höchste Vitalität und eine lange währende Jugend.

Patricia Bragg

Ein Wort der Autoren

Dieses Buch wurde für Sie geschrieben. Es kann Ihr Wegweiser zum guten Leben sein. Wir Ernährungsforscher haben ein gemeinsames Ziel – einen guten Gesundheitszustand und viele zusätzliche Lebensjahre für alle. Die natürliche Gesundheitslehre zeigt uns den Weg – den Weg der Natur –, den einzig gangbaren Weg zur Befreiung von chronischen Krankheiten und vorzeitiger Alterung. Dieses Buch sagt Ihnen, wie Sie mit der Natur, nicht gegen sie arbeiten. Ärzte, Zahnärzte und andere Menschen, die sich um Kranke kümmern, versuchen, erschöpfte Gewebe zu flicken; doch diese heilen oft nur schlecht oder gar nicht. Viele dieser Menschen begrüßen die Verbreitung der neuen Botschaft von der natürlichen Ernährung und von den Methoden, die zu einer anhaltenden Gesundheit und Jugendlichkeit in jedem Alter führen. Um die Verbreitung dieser Botschaft zu beschleunigen, haben wir dieses Buch geschrieben.

* »Öffne meine Augen, damit ich sehe die Wunder an deinem Gesetz.« Psalm 119,18

Über die Autoren

Dieses Buch stützt sich auf wissenschaftliche Befunde, bekannte physiologische Tatsachen, biologische Therapeutik und uralte Schriften, so wie sie nachzulesen sind. Ich, *Paul C. Bragg,* praktizierte die natürliche Lebensweise seit über 70 Jahren mit großem Erfolg. Ich wußte, daß die beschriebenen Methoden auch für andere ungefährlich und von großem Nutzen sind, und meine Tochter *Patricia Bragg* arbeitete mit mir zusammen, um den Kreuzzug für die Gesundheit fortzuführen. Die in diesem Buch beschriebenen Methoden stellen keine Empfehlung für bestimmte Personen in speziellen Situationen dar, und wir übernehmen keine Haftung für den Inhalt.

In diesem Buch werden weder Heilverfahren noch Nahrungsmittel, noch Diäten zur Behandlung oder Heilung bestimmter Krankheiten angeboten. Wir vertreten lediglich unsere Meinung als Gesundheitspädagogen, Ernährungsforscher und Lehrer.

Bestimmte Personen, die als Experten gelten, mögen mit einer oder mehreren Aussagen in diesem Buch nicht übereinstimmen und davon abweichende Ernährungsempfehlungen geben. Dennoch halten wir alle Aussagen für sachlich richtig, da sie auf unseren langjährigen Erfahrungen auf dem Gebiet der menschlichen Gesundheit beruhen.

Dr. Paul C. Bragg   Dr. Patricia Bragg

Literaturhinweise

Dr. Paul C. Bragg »Wunder des Fastens«

Dr. Paul C. Bragg »Wasser – das größte Gesundheitsgeheimnis«

Dr. Michael L. Culbert »CFS – Das chronische Müdigkeitssyndrom«

Harvey und Marilyn Diamond »Fit für's Leben« Teil I und II

Marilyn Diamond »Neue Eßkultur mit Sonnen-Kost«

Wolfgang Spiller »Dein Darm – Wurzel der Lebenskraft«

Dr. John H. Tilden »Mit Toxämie fangen alle Krankheiten an«

Dr. Norman W. Walker »Darmgesundheit ohne Verstopfung«

Stichwortverzeichnis

Alle Bragg-Bücher

Füße, die Dich tragen
Dieses kleine Buch klärt über die Ursachen von Fußbeschwerden auf, zeigt die Symptome von Fußproblemen und zeigt Wege für die Wiedergesundung der Füße, wozu Fußmassagen, Spezialfußbäder, richtige Ernährung, Fußübungen, richtige Körperhaltung usw. gehören.

Schöne gesunde Haare
Dieses Buch erklärt die Ursachen für kranke Haare und eine kranke Kopfhaut und zeigt auf, wie Sie Ihre Haare und Ihre Kopfhaut gesund erhalten können.

Gesund essen ohne Irrtürmer
Dr. Bragg versucht, Ordung in die verschiedenen Ernährungsempfehlungen zu bringen und erklärt die verschiedenen Ernährungsformen wie Mischkost, Rohkost, vegetarische Kost, Vollwertkost, Makrobiotik, Fleischkost, Getreidekost, richtige Lebensmittelkombination usw. Dieses Buch ist ein Leitfaden, der Sie aus dem Irrgarten der vielen Ernährungsempfehlungen herausführt.

Natürlicher Apfelessig
Reiner, natürlicher, naturtrüber, nicht destillierter Apfelessig ist eines der besten natürlichen Lebensmittel. Die tägliche Zufuhr von 1–2 Löffel Apfelessig führen zur Linderung und Besserung der genannten Krankheiten. Jeder kann seine Jugendlichkeit erhalten oder zurückgewinnen, wenn er sich an das Braggsche Gesundheitsprogramm hält.

Gesunder Körper – gesunde Augen
Die Autorin stellt in ihrem Buch ein leicht durchführbares Gesundheitsprogramm vor, das zu einem besseren Sehvermögen führt. Dieses Programm basiert auf natürlichen Methoden, wozu eine natürlich Ernährung, ausreichende Vitamine und Mineralstoffversorgung, körperliche Bewegung, frische Luft, Sonnenschein, Augenübungen, Streßabbau und eine positive Denkungsweise gehören.

Gesundes Herz auch im hohen Alter
Kardiovaskuläre Probleme sind heute in der zivilisierten Welt die Todesursache Nr. 1. Herzprobleme können jedoch verhindert bzw. in Schranken gehalten werden. Tausende von Menschen in der ganzen Welt haben ihr geschwächtes Herz wieder stärken können durch das in diesem Buch vorgestellte Fitneßprogramm fürs Herz, das eine natürliche Ernährung, viel Bewegung an frischer Luft, Verzicht auf Genußgifte, richtige Kleidung, reines Wasser, kein Salz, erholsamen Schlaf und regelmäßiges Fasten beinhaltet.

Wunder des Fastens
Mit dem Wissen über Fasten, das in diesem Buch enthalten ist, können Sie alle Furcht vor Krankheiten und vorzeitigem Altern verbannen. Regelmäßige 24stündige Fastenkuren reinigen den Körper. Sieben- bis zehntägige Fastenkuren verhindern Ablagerungen an Gelenken und Muskeln.

WASSER – Das größte Gesundheitsgeheimnis
Ohne Wasser kann der Mensch kaum 72 Stunden überleben, ohne daß er in einem halb-bewußtlosen Zustand verfällt. Aber es ist auch das Wasser, das vorzeitiges Altern sowohl beim Menschen als auch beim Tier verursacht. Dieses Buch enthüllt die Ursachen, warum Menschen und Tiere lange vor ihrer eigentlichen Zeit sterben. Über 50 Jahre intensiver Forschung sind in diesem Buch niedergelegt.

Waldthausen Verlag · 27718 Ritterhude

Unsere Buchempfehlungen

Dr. Norman W. Walker

Darmgesundheit ohne Verstopfung

Der Schlüssel für eine vitale und strahlende Gesundheit. Dieses Buch behandelt einen vernachlässigten Teil Ihres Körpers. Widmen Sie diesem Ihre ganze Aufmerksamkeit und halten ihn nicht für etwas Selbstverständliches. Dieses Buch zeigt Ihnen, daß jedes Organ, jede Drüse und jede Zelle im Körper vom Zustand des Dickdarms beeinflußt wird. *Dr. Walker* nimmt Sie mit auf eine Reise zu jedem lebenswichtigen Organ Ihres Körpers und zeigt Ihnen, wie Sie länger und gesünder leben. Es werden Fragen beantwortet wie: Sind Abführmittel gefährlich? Kann ein gesunder Dickdarm Herzanfälle verhindern? Wird Ihre Sehfähigkeit vom Zustand des Dickdarms beeinflußt? Welche schrecklichen Folgen hat eine »Kolostomie«?

Dr. Philippe-Gaston Besson

Säure-Basen-Gleichgewicht

Neueste Forschungen auf dem Gebiet der Medizin haben bewiesen, wie wichtig das bis heute immer noch verkannte Säure-Basen-Gleichgewicht im Organismus ist. Dieses Buch beschreibt, was es mit diesem »Gleichgewicht« auf sich hat, und zeigt, wie wir die Übersäuerung unseres Körpers ausgleichen können. Die heutigen Ernährungsformen und der moderne Lebensstil stören dieses Gleichgewicht und ebnen Krankheiten den Weg. Dieses Buch stützt sich auf ein solides theoretisches Fundament und gibt Ihnen praktische Hinweise zur Änderung Ihrer Ernährung und Ihres Lebens, damit Sie sich Ihre Gesundheit erhalten können. Es ist ein Buch für Ärzte, Heilpraktiker und sonstige Angehörige der Heilberufe, aber auch für alle gesundheitsbewußten Menschen.

Waldthausen Verlag · 27718 Ritterhude

Unsere Buchempfehlungen

Dr. Paul C. Bragg und Patricia Bragg

Wasser – Das größte Gesundheitsgeheimnis

Die schockierende Wahrheit über Wasser. Ohne Wasser kann der Mensch kaum 72 Stunden überstehen, ohne daß er in einen halb bewußtlosen Zustand verfällt. Aber es ist auch das Wasser, das vorzeitiges Altern sowohl beim Menschen als auch bei Tieren verursacht. Auch viele Krankheiten werden durch das Trinken von mineralhaltigem Wasser verursacht. Dieses Buch enthüllt die Ursachen, warum Menschen und Tiere lange vor ihrer eigentlichen Zeit sterben. Über 50 Jahre intensiver Forschung sind in diesem Buch niedergelegt.

Dr. Paul C. Bragg

Gesundes Herz auch im hohen Alter

Dieses Buch zeigt Ihnen, wie Sie mit der Natur arbeiten und nicht gegen sie. Mehr und mehr Menschen erkennen die Bedeutung natürlicher Lebensmittel für eine dauerhafte Gesundheit und Jugendfrische in jedem Alter.

Kardiovaskuläre Probleme sind heute in der zivilisierten Welt die Todesursachen Nr. 1. Herzprobleme können jedoch verhindert bzw. in Schranken gehalten werden. Tausende von Menschen in der ganzen Welt haben ihr geschwächtes Herz durch das in diesem Buch vorgestellte Fitneßprogramm fürs Herz wieder stärken können, das eine natürliche Ernährung, viel Bewegung an frischer Luft, Verzicht auf Genußgifte, richtige Kleidung, reines Wasser, kein Salz, erholsamen Schlaf und regelmäßiges Fasten beinhaltet.

Dr. Paul C. Bragg und seine Familie haben jahrzehntelang nach diesem Programm gelebt, und ihnen ist es ihr ganzes Leben immer prächtig ergangen.

Waldthausen Verlag · 27718 Ritterhude

Unser Verlagsprogramm

Owen »Das Krebstagebuch der Ärztin Anne Rush« – »Roys Heilung von AIDS«

Peters »Hoffnung für Krebskranke«

Peterson »Fit fürs Leben durch kreatives Denken«

Pollmächer »Gesund werden – Ratgeber für biologische Heilweisen«

Pust »Die sichere Lust«

Sauer »Fußreflexzonentherapie mit Liebe und Licht«

Shelton »Fasten kann Ihr Leben retten« – »Richtige Ernährung mit natürlicher Nahrung« – »Syphilis – Irrtum der Medizin?« – »Nie wieder Herpes«

Speer »Die Hölle im Hintern«

Spiller »Dein Darm – Wurzel der Lebenskraft« – »Macht Kuhmilch krank?«

Stukenbrock »Strom-Monopol heizt unsere Atmosphäre auf«

Tilden »Mit Toxämie fangen alle Krankheiten an«

Walker »Darmgesundheit ohne Verstopfung« – »Frische Frucht- und Gemüsesäfte« – »Auch Sie können wieder jünger werden« – »Natürliche Gewichtskontrolle« – »Strahlende Gesundheit« – »Täglich frische Salate erhalten Ihre Gesundheit« – »Wasser kann Ihre Gesundheit zerstören«

Walker/Langer »Zurück aufs Land zur Selbstversorgung«

Wandmaker »Dick + krank oder schlank + gesund?« – »Willst Du gesund sein? Vergiß den Kochtopf!«

Yiamouyiannis »Früher alt durch Fluoride« – »Gesundheit aktiv«

FIT FÜRS LEBEN

Die Zeitschrift für Ihre Gesundheit
(6x jährlich, A4-Format,
z. T. 4farbig, 48 Seiten)

Schaubilder:

- Lebensmittel-Kombinationstabelle
- Endokrine Drüsen
- Dickdarmtherapie
- Fußreflexzonenmassage
- Einheimische und exotische Früchte
- Vital-Transmitter

Wer ist der beste Arzt der Welt?
Natürlich unser Körper selbst!

Wie entfalten Sie Ihre Selbstheilungskräfte?
Werden Sie GesundheitsPraktikerIn
mit dem 2jährigen Fernlehrgang
der natürlichen Gesundheitslehre

Waldthausen Gesundheits-Schule
DAS LEBEN LERNEN

Waldthausen Verlag · 27718 Ritterhude